お殿様の定年後

安藤優一郎

日経プレミアシリーズ

プロローグ　隠居という名の「定年」制

江戸時代、全国各地で君臨した諸大名は世襲の身分だが、家督相続には将軍の許可が必要なため幕府に人事権を握られていた格好である。しかし、家督相続が認められ、ひとたび大名として認定されれば、不行跡《ふぎょうせき》がない限りその地位は保証された。

今で言う定年もなかったが、家督を譲って隠居する場合は幕府の許可が必要だった。ただし、その時期は当人の意思に任せられていた。みずから出処進退を決められたが、彼らはその後どんな隠居生活を送っていたのか。

江戸時代は泰平の世でもあり、高齢化が非常に進んだ社会だ。一般庶民に比べれば、大名の生活レベルははるかに上で充実した医療も受けられた以上、長命の可能性は高かった。隠居後の長い人生を謳歌できる資産もあった。

隠居すると、現役時代のように政治向きに関与することはほとんどなく、著述活動のほか、文化財の収集や保護といった文化事業に力を入れるのが通例だ。そうした活動を可能にする資産があったればこそだが、パトロンとして保護を期待した文化人が集まってくる背景にもなっていた。そんな文化人を駆使して文化事業を展開したのである。

現役時代にはできなかった娯楽に興じるお殿様も多かった。隠居後は江戸で余生を送るのが定番で、上屋敷を跡継ぎに譲って中屋敷や下屋敷で生活したが、屋敷内の巨大庭園がその拠点だった。屋敷外での行動も束縛がなくなり、歌舞伎小屋に連日通うお殿様もいた。江戸は日本最大の娯楽街であり、お殿様たちが江戸での隠居生活に憧れる大きな理由となっていた。

文化や娯楽に投資した費用が巨額にのぼり、藩の財政を傾かせる要因となった事例までみられる。徳川光圀が端緒をつけた『大日本史』編纂は水戸藩の財政に重くのしかかった。となれば、お殿様たちの文化・娯楽活動が江戸の経済に与えた影響も無視できない。『大日本史』編纂を通じて創り上げられた水戸学が歴史を動かす原動力となったことは、はからずも幕末の歴史が証明している。政治への影響力も見逃せない。

本書は、五名のお殿様の「定年」後のアクティブな活動を通して、知られざる江戸時代の姿に光を当てるものである。

各章の内容は次のとおりである。

第1章「大名のご公務——江戸と国元の二重生活」では、現役のお殿様の日常生活の様子を概観する。参勤交代制に基づき、大名は江戸と国元の二重生活を強いられたが、特に江戸では堅苦しい日々を余儀なくされた。

第2章「水戸藩主徳川光圀——水戸学を創った名君の実像と虚像」では、「水戸の御隠居」の愛称で今も親しまれる水戸黄門の文化事業の歴史的意義を明らかにする。『大日本史』編纂は幕府の存立基盤を脅かすための事業ではまったくなかったが、幕府の威信が衰える幕末に入ると、『大日本史』は倒幕のバイブルへと変貌する。

第3章「大和郡山藩主柳沢信鴻《のぶとき》——庭いじりと歌舞伎の日々」では、柳沢吉保の孫として生まれた大名が、隠居後は巨大庭園の整備と歌舞伎の世界にどっぷりつかった様子を追う。信鴻は荒廃していた名園・六義園の整備に情熱と財力を注ぐとともに、連日のように芝居小屋に通ったのである。

第4章「白河藩主松平定信――寛政改革後の多彩な文化事業」では、政治家としてのイメージが強い定信の旺盛な執筆活動や文化財の収集・保護活動に注目する。家臣には画家として名高い谷文晁《ぶんちょう》もおり、定信の文化事業を支える一人であった。

第5章「肥前平戸藩主松浦静山《まつらせいざん》――『甲子夜話《かっしやわ》』執筆に捧げた余生」では、江戸時代の代表的な随筆集『甲子夜話』を編纂した松浦静山の生涯に焦点を当てる。編纂を開始したのは隠居後だが、その裏には静山が現役のお殿様だった時の切ない思いが秘められていた。

第6章「薩摩藩主島津重豪《しげひで》――蘭癖大名による文明開化」では、西洋文化の摂取に努めた島津重豪による開化事業を通して薩摩藩が明治維新の主役となった背景に迫る。重豪は幕末の英主とうたわれた島津斉彬《なりあきら》の曽祖父にあたる人物であった。

エピローグ「幕末の政局を動かした隠居大名」では、幕末における隠居大名の政治活動に注目する。激動の時代に政治力を発揮したお殿様には松平春嶽や山内容堂など隠居身分の大名が少なくなかった。

以下、定年後のお殿様たちの様々な生き様を通して江戸時代の歴史を読み解いていく。

目次

第 1 章

大名のご公務

——江戸と国元の二重生活

大名の江戸城入城のため組まれた行列
(提供：アフロ)

1　隠居と家督相続のルール

九十歳を過ぎて現役も

江戸時代は泰平の世だったことも相まって高齢化の傾向が顕著であり、長寿を全うした者が少なくない。大名にしても事情は同じで、卒寿（九十歳）を超えた大名までいた。齢《よわい》八十歳を超えた大名も珍しくなく、本書で取り上げる薩摩藩主島津重豪などもその一人だった。

当時は乳幼児の死亡率が非常に高かったため平均寿命は三十代〜四十代となる計算であり、大名もその法則から逃れることはなかった。しかし、成長して壮年に達すれば、長寿を保つ可能性は高かった。

単に長寿を保っただけではない。隠居の選択肢はあったものの、定年制はなかったため、現役のお殿様として藩政を執り続ける者は珍しくなかった。生涯現役も可能だったのである。

お殿様には大名のほか、将軍の御直参（直属家臣）たる旗本も含まれる。旗本は将軍への拝謁資格を持っている点で同じ御直参の御家人と峻別されたが、「御旗本長寿調」というタイトルの書付の写しが現在、平戸市立平戸図書館に残されている。平戸藩の藩士により書写された嘉永六年（一八五三）時点での旗本の長寿リストだが、これによると八十歳以上で役職に就いている旗本は二十五人もいた。

具体的に挙げると、林奉行の井上元七郎（九十九歳）、留守居の土屋讃岐守（九十五歳）など九十歳以上の現職が四人もいた。八十代になると、西の丸槍奉行の玉井藤右衛門（八十九歳）や旗奉行の大久保信濃守（八十四歳）など、軍事職の者までいた。

旗本の長寿リストを書写した平戸藩の藩士によれば、八十歳を過ぎても隠居しない者は同藩では皆無に近い。しかし、幕府の旗本は人数も多く互いに張り合う気持ちが強いため、高齢になっても役職を退こうとはしない。平戸藩士で八十歳を過ぎても隠居しない者がほとんどいなかったのは、自分が現職で頑張っていると息子が跡（家督）を相続できず役職にも就けなかったからであるという。

藩士は七十歳が一応の基準

一方、藩士となると話が違ってくる。七十歳が隠居の基準となっていた事例がみられるからだ。

会津藩松平家では藩士から隠居願が提出されると、出願者が重病や老衰が激しい場合を除き、原則として七十歳を超えていた時のみ受理した。隠居を認めたのだ。武士が職を退いて家督を譲る年齢は七十歳が一応の基準だったことが窺えるが、七十歳が隠居の基準とされたのは中国思想の影響らしい。中国の古典として知られる『礼記』では、七十は「老」と表現されていた。

弘前藩津軽家では、次のような規則を設けた。

五十歳未満の藩士は病欠届を提出してから十か月以上を経過しなければ隠居願を提出できなかったが、五十歳以上六十歳未満ならば五か月以上経過していれば提出は可能。六十歳以上七十歳未満ならば病状次第ですぐにでも隠居願が提出でき、七十歳を過ぎれば病気でなくても隠居願を提出すれば許可された。生涯現役も可能ではあったが、やはり七十歳が事実上の定年であったことがわかる。

陪臣たる藩士だけでなく御直参（幕臣）の旗本や御家人にしても、規則はなかったものの、隠居が事実上認められる年齢基準は七十歳だったようだ。享保五年（一七二〇）、幕府は七十歳以上で現在の役職を十年以上勤めた幕臣に対し、隠居の際に「老衰ご褒美」という名の功労金が下賜される制度を新設する。この功労金制度の創設も、七十歳が事実上の定年だったことを示している（氏家幹人『江戸人の老い』ＰＨＰ新書）。

江戸城で承認された大名の隠居

大名の場合、隠居だけでなく家督相続についても幕府の許可が要件だったが、不文律ながら当主が十七歳以上であることが相続許可の基準とされた。家督相続を許可する際には所領の相続も許可されるのが習いであった。

藩主の隠居あるいは死去を理由として、世子と呼ばれた跡継ぎへの家督相続を願い出ると、幕府は家督と所領の相続を許可するが、隠居と病死では手続きが異なっていた。

隠居の場合は、その理由を書き連ねた隠居願に加え、跡継ぎに指名した者への相続願を提出するのが定め。幕府は隠居願と相続願を受理した後、藩主と跡継ぎを江戸城に呼び出し、隠居と家督相続を同時に許可した。よって、現藩主の隠居日と跡継ぎの藩主就任日は同じ日だった。

死去の場合はまず死亡届を提出し、跡継ぎは服忌届を提出することになっていた。喪に服すのだ。忌日期間中は江戸城に登城できないため、家督相続が許可されるのはその後になる。例えば、父親が死亡した場合の忌日期間は五十日と定められており、跡継ぎが登城して家督相続が許可されるのは、結局のところ死去から二～三か月後のことになる。

その間、藩は当主不在となるため、家中は気が気ではない。仮に家督相続が許可される前に跡継ぎが死去すると、改易（御家断絶）に処せられるからである。

家督相続の年齢だが、幼児でも相続は可能だった。将軍自体、徳川家継が五歳（数え年）で七代将軍を継承した事例があるが、当主が十七歳未満で早世した場合については、原則として幕府が相続を認めなかったように、十七歳以上であることが相続を許可する境目になっていた。

当時は乳幼児の死亡率が高いだけでなく、壮年に達するまでに早世する例も割合多かったことから、諸大名は自衛策として男の子の年齢を実年齢より引き上げることが普通だった。三～四歳プラスして幕府に届け出ることが慣例化しており、幕府もこれを黙認した。さもないと、年齢が足りないという理由で相続が認められず、改易となる危険性が高くなるからである（大森映子『お家相続　大名家の苦闘』角川選書。安藤優一郎『相続の日本史』日経プレミア）。

2　堅苦しい江戸での生活

江戸参勤の義務化と藩邸の拝領

諸大名は所領のある国元でずっと生活したわけではない。江戸に定期的に参勤することを幕府から義務付けられた。この参勤交代の制度により、大名は親藩、譜代、外様の別に拘らず、原則として国元と江戸で一年間ずつ生活しなければならなかったことはよく知られているだろう。

国元にいることは在国、江戸にいることは在府といったが、幕府の役職に就いた大名は在職中、参勤交代の対象外となる。国元には戻れず、江戸での生活が続く。

幕府は江戸参勤してきた諸大名に対し、江戸城周辺などで広大な土地を下賜した。これを江戸屋敷（藩邸）と呼んだが、ここで言う屋敷は土地のことである。

諸大名は江戸屋敷に御殿を建てて正室や嫡子を住まわせたが、自分が国元に戻っても、妻子はそのまま江戸屋敷で居住させることになっていた。幕府への反逆の意思がないことを示すための人質だったからだ。御殿のほか、長大な長屋も建設して国元から連れてきた大勢の家臣（江戸勤番侍）を収容した。

伊予松山藩主松平家の家臣で、明治に入って教育官吏となった内藤鳴雪《めいせつ》という人物がいる。同郷の後輩正岡子規を俳句の師匠と仰ぎ、俳誌「ホトトギス」で江戸屋敷詰時代の生活を回顧した。後に柴田宵曲編『幕末の武家』に採録されたが、江戸屋敷については次のような証言を残している。

お屋敷には、上屋敷、中屋敷、下屋敷の三つがある。上屋敷、中屋敷の二つは幕府から賜わるので、お城の周囲に接近してあったもので、中屋敷より上屋敷の方が更にお城に接している。上屋敷、中屋敷は共に一つずつであるが、下屋敷は大名によってはたくさん持っていて、相対で売買などもしていて、大名自身の所有であった。下屋敷は火災などがあった時分に立退いたり、季節に従って遊びなどする所で、たいがい郊外か、市中でも場末にあったのである。上屋敷は大名の当主の住居で、中屋敷には世子すなわち

若殿が住んでいて、且つ、それに属する家族も別かれて住まっていた。そうして、それに附属している家来は都合によって、上、中の両屋敷に打ちまじって住んでいるので、日々、上より中、中より上へ通うて勤めていた。（内藤鳴雪「勤番者」柴田宵曲編『幕末の武家』青蛙房）。

上屋敷・中屋敷と下屋敷

大名の屋敷には、上屋敷・中屋敷・下屋敷の区別があるが、鳴雪の証言も踏まえて整理すると以下のとおりになるだろう。

上屋敷は現役のお殿様が住む屋敷だが、中屋敷は隠居したお殿様や世継ぎの若殿（世子）が住む屋敷である。上屋敷よりも江戸城からは遠い距離にあった。隠居すると、あるいは世継ぎの場合は登城することはあまりないため、上屋敷よりも江戸城から遠い場所で下賜されたわけだ。

下屋敷は上屋敷や中屋敷が火事などの災害に遭った時、避難所として用いられた屋敷である。江戸での生活に必要な物資を保管する屋敷でもあった。別荘として用いられることもみられた。その場合は巨大な庭園が造成される場合が多く、同僚とも言うべき大名を招いて歓待する接待所としても活用された。下屋敷は場末あるいは江戸郊外など江戸城からは遠い場所を下賜されたが、複数拝領することが多かった。

現藩主が住んでいた上屋敷の内部だが、御殿は屋敷の中央部に置かれた。御殿の周囲は藩士が居住する長屋で囲まれ、藩士たちは身をもって大名を守る楯となる構造だった。屋敷が攻撃を受けた時は、長屋を楯に防戦するのである。

江戸の大名屋敷には堀こそなかったが、いざという時は大名や家臣たちが立て籠もる軍事施設に変身する。それが現実のものとなったのが、慶応三年（一八六七）十二月に起きた徳川家による薩摩藩高輪屋敷の焼き討ちである。この時から事実上、戊辰戦争の火ぶたは切って落とされる。

御殿は、お殿様のプライベートな生活空間と、藩士も出入りした空間から構成されたが、藩士がお殿様の生活空間に入ることは原則としてなかった。外部の者にとり屋敷内部は謎の空間だったが、その屋敷に住む家臣にしても御殿は謎の空間に他ならない。お殿様と家臣（藩士）は同じ屋敷に住みながら、互いの空間は隔絶していた。

江戸城登城という公務

江戸屋敷で隔年ごとの生活を強いられた諸大名は、江戸在府中、何をしていたのか。老中など幕府の役職に就かなかった大名の場合、定期的に登城して将軍に拝謁したり、江戸城内で執り行われる様々な慶事に関する儀式に参列したりすることが、幕府に対する最大の公務（義務）となっていた。

定期的な登城とは、「月次御礼《つきなみおれい》」と称された毎月の定例日（一日・十五日・二十八日——必ず月三回というわけではない）に登城することである。慶事とは年始、桃の節句などの五節句、若君誕生や将軍婚礼などを指す。お祝いを申し述べるため登城するのである。

平均して月に三回ほど登城した計算となるが、これは在府中の大名が幕府に対して果たすべき大事な公務とされた。

公務であるから、江戸在府中の大名は勝手に休むことなどできない。病気などで登城できない場合は、その旨をあらかじめ届け出る必要があった。届け出もなく登城しなかったとなるとただでは済まず、処罰対象となる。一方、決められた日以外に登城することも「不時登城」として固く禁じられた。

こうした登城日に、江戸在府中のお殿様たちは江戸城の周りで拝領した上屋敷を出て主に大手門へと向かう。しかし、一口に江戸城への登城と言っても、お殿様や御供の藩士たちにとり実に大変なことだった。

江戸参勤ほどの規模ではないものの、大名行列を組んで江戸城に向かうため、これが物凄い混雑を引き起こしたのである。まさに江戸城への通勤ラッシュの光景が展開されていた。それが回り回って、お殿様たちの登城に時間がかかる結果を招いた。

そのため、江戸城とは目と鼻の先の霞が関に上屋敷があった広島藩浅野家でさえ、お殿様の登城行列が将軍への拝謁時刻（午前十時）の二時間も前に屋敷を出立したという。この時代、拝謁の時刻に遅れることは決して許されない。よって、時間にかなり余裕をみて、二時間前の午前八時に屋敷を出発したのだ。

万が一遅刻してしまったら、幕府の懲罰が待っている。そもそも、名誉と体面を重んじる武家社会において、遅参とはこれ以上ない恥辱だった。

戦場に置き換えてみればわかるだろう。一番乗りが武門の名誉とされた時代であり、時間に余裕を持って出発しているのは、そうした意識の表れに他ならなかった。

監視下にあった江戸での生活

二時間も前に上屋敷を出立した広島藩浅野家で最後の藩主となった浅野茂勲《もちこと》（明治時代に入ると長勲《ながこと》と改名）は昭和時代に入り、江戸の社会風俗の記録者として知られた三田村鳶魚《えんぎょ》の質問に応える形でお殿様としての日常を語っている。長勲の証言によると、江戸藩邸での生活は何かと気苦労が多かった。

藩主としての日常は、まことに厳重なものでありまして、例えばちょっと外へ出るというても、東の門から出て、西の門から帰るということは出来ない。西の門の方へは、何等そういう通知が渡っておらぬからです。私も一度そういうことがあって、西の門から帰ろうとしたところが、どうしても門番が入れない。いくら藩主であるとか殿様であるとかいうても、通知がなければ入れませんと言う。仕方がないから、前に通知してあった東の門から帰りましたが、これは私のあやまちで、あとから門番を賞したことがある。藩主たるものは、よほど慎んで諸事に油断なくしていなければなりません。（浅野長勲「大名の日常生活」柴田宵曲編『幕末の武家』青蛙房）

お殿様の行動は、厳しく規制されていた。長勲が証言するように、屋敷から外に出る場合も出入りする門は決まっており、急に変更することはできなかった。あらかじめ門番にその旨を通知しておかなければ、違う門から出ることも入ることもできなかった。

諸事こんな調子で、一日のタイムスケジュールについてもきっちりと決められ、その遵守が強く求められた。藩主といえども、我が儘は許されない。

午前七時（六ッ半時）になると、小姓が起こしに来る。そして、午後十一時（四ッ半時）には寝なければならない。小姓が就寝時刻になったと知らせに来るが、まだ寝ないでいるとか、もっと旨いものが食べたいと言うことも許されなかったのである。

長勲に限らず、お殿様たちは息の詰まるような窮屈な生活を江戸藩邸で余儀なくされた。屋敷内での娯楽と言っても、謡曲や詩作という高尚なものが多く、くだけた遊興というレベルのものではない。そのため、外出することをたいへん楽しみにしていた。

だが、国元にいる時とは違い、江戸の場合は絶えず幕府の監視下に置かれた。大目付という諸大名の監察を任務とする幕府の役職もあった。

結局のところ、現役の藩主である間は羽目を外せず、江戸在府中は藩邸に閉じ籠もることが多かった。要するに、堅苦しい生活を余儀なくされる。羽目を外してしまうと、不行跡ということで処分される危険性もあった。

実際、次のような事例がみられた。

寛保元年（一七四一）に、藩祖（榊原康政）が徳川四天王の一人で譜代名門の姫路藩主榊原政岑《まさみね》は、吉原での遊興が過ぎて隠居を余儀なくされる。さらに、榊原家は姫路から越後高田へお国替えとなった。これは事実上の懲罰処分を意味していた。

このため、現役中は藩邸内で自重せざるを得なかったが、隠居すると、お殿様たちはその反動から余暇を大いに楽しむ。上屋敷から中屋敷へと移って悠々自適の生活を送り、外出も頻繁になるのであった。

第　2　章

水戸藩主徳川光圀
——水戸学を創った名君の実像と虚像

水戸光圀（提供：Bridgeman Images／アフロ）

1　苦難の藩主時代

将軍綱吉との微妙な関係

水戸黄門は、水戸中納言の別称である。中国の唐王朝で中納言が黄門と呼ばれたことに由来する名称だが（これを唐名《からな》という）、徳川光圀は藩主時代、意外にも水戸黄門ではなかった。唐名では宰相と呼ばれた参議止まりだった。

光圀は藩主の座を退いてから、ようやく水戸家の極官たる権中納言に任命されるが、その裏には五代将軍徳川綱吉の複雑な感情が蠢いていた。極官とは、極めることのできる最高の官職を指す言葉である。

同じ御三家の尾張・紀州家の当主で従兄弟でもあった徳川光友と光貞は、藩主時代に両家の極官たる権大納言に任命された。光圀の立場からすると、みずからを不遇の身であると思わざるを得なかったはずだ。表向き、官職は朝廷から任命されたが、実際は幕府の奏請を受けた上での任命であり、紛れもなく将軍綱吉の意思がそこにはあった。

当初、光圀と綱吉の関係は良好だったが、綱吉つまり将軍の跡継ぎをめぐり二人は対立関係に陥る。光圀自身にも深く関わる問題でもあったことが、対立を不可避なものとした。

背景に複雑な出生事情

光圀は水戸家初代藩主徳川頼房の跡継ぎとなり二代藩主の座に就いたが、長幼の順からすれば兄の頼重が藩主の座を継ぐのが筋だった。光圀は兄を差し置いて世継ぎの座を与えられたことに苦しむが、実はこの世に生を享けることが許されない身の上でもあった。光圀の出生を喜ばない父頼房が、流産させるよう命じたからだ。

徳川家康の末っ子（十一男）として生まれた頼房は正室を持たず、側室たちとの間に二十人以上もの子供を儲けたが、側室のなかで最も力があったのは「第一ノ寵妾」と呼ばれたお勝の方だった。頼房はその目をたいへん気にしていたわけだが、側室谷久子との間に長男頼重を儲けてしまう。頼房の最初の子供でもあった。久子は江戸の小石川上屋敷の奥向きを取り仕切る老女の娘である。

お勝の方との間に儲けた子供ではなかったため、窮した頼房は家臣の三木之次に身籠もった久子を預け、流産させるよう命じる。だが、三木とその妻武佐は家康の側室で頼房の養母となっていた英勝院に相談の上、主君の命に従わなかった。

元和八年（一六二二）七月、江戸の麴町一丁目にあった三木邸で久子は頼重（幼名竹丸）を出産する。密かに養育したが、寛永七年（一六三〇）になってから京都の名刹天龍寺の塔頭慈済院に入寺させる。その命が危険に晒されたため、身を隠させたのだという。

頼重が生まれてから六年後にあたる寛永五年（一六二八）六月十日、久子は光圀を出産するが、既に頼房は次男亀丸のほか五人の娘を儲けていた。特に亀丸はお勝の方との間に儲けた男子だが、そうした折、城下の三木之次邸で光圀（幼名長丸）が生まれた。

お勝の方の目を気にする頼房は、またしても身重の久子を流産させるよう三木に命じる。しかし、三木夫妻はこの時も英勝院と相談の上、主命に背き出産させた。密かに養育したが、光圀にとっては異母兄の亀丸が同じ年の十一月に死去する。生来、病弱だったようだ。

久子が生んだ頼重も光圀もその存在が公表されないまま時が過ぎていったが、亀丸を失った後、お勝の方は頼元や頼雄を儲ける。頼元は光圀より一歳年下で、頼雄は二歳年下。他の側室も光圀の弟にあたる頼隆たちを儲けたため、おのずから頼房の世継ぎ問題が浮上してくる。水戸家は子宝に恵まれた半面、世継ぎの候補が次々に生まれたことで逆に悩みの種となってしまう。

御家騒動を避けるため、できるだけ早く世継ぎを決めておくことを迫られた頼房だが、自分では継嗣を指名せず、幕府の裁定を仰ぐことにした。幕府に世継ぎを指名させることで、家中を納得させようとしたのだろう。頼房は光圀を世継ぎとすることを望んでいたようだが、頼元たちの生母であるお勝の方を納得させるにはその方法しかなかった。

想定外の次期藩主

水戸家に限らず、御三家には幕府から監視役として家老がつけられた。いわゆる付家老だが、水戸家では中山信吉が勤めた。常陸松岡二万石の領主でもあった。

中山が三代将軍家光の命を受けて水戸に向かったのは寛永十年（一六三三）五月のことである。中山からの報告を受けた上で、家光が頼房の子供たちのなかから水戸家の世継ぎを指名する予定だった。

世継ぎの候補には、光圀のほか、お勝の方を母とする頼元や頼雄、他の側室を母とする頼隆、頼利、頼泰、頼以たちがいたが、前年の九年（一六三二）には光圀の同母兄にあたる頼重も京都から江戸に戻っていた。その裏には英勝院の奔走があったという。

世継ぎ候補たちが水戸に勢揃いしたところで、中山が江戸からやって来る。光圀の振る舞いが堂々としていたのを中山が気に入り、世継ぎにふさわしいと家光に報告したことが決め手になったというのが定説だが、実際のところは、頼房の意を受けて光圀で内定していたようだ。幕府の裁定というプロセスを踏むため、中山が頼房の子供たちと形式的に対面したのが真相である。

長幼の順からすると、頼重が世継ぎに指名されるのが筋だが、江戸に戻ってきた後、疱瘡を患い、回復まで一年余も要した。生来、病弱だったのだろうが、これがマイナスポイントになったことは否めない。

頼重と光圀では、性格がまるで反対だった。頼重が温厚な性格なのに対し、光圀は勝気で剛情な少年であった。「自分が戦場で負傷して倒れた時、汝は我を介抱するか」と頼房から問われた時、光圀は「父の身を乗り越えて敵と戦うだろう」と答えて大いに喜ばせたというが、これなどもそんな性格を表すエピソードに他ならない。父の頼房も剛毅な人物として知られたが、その血を濃厚に引いていた。

つまり、自分に似た気性を持っていたからこそ、光圀を跡継ぎに指名したのではないか。世継ぎに決まると、頼房は光圀を気骨ある武人に育て上げるため厳しく鍛えていく。

中山からの報告を受けた家光は、同年十一月に光圀を水戸家の世継ぎに指名する。翌十二月、水戸にいた光圀は江戸の小石川上屋敷に入った。

以後、世継ぎとしての生活が江戸ではじまるが、頼重はどうなったのか。十六年（一六三九）に幕府から常陸国下館で五万石を与えられた後、十九年（一六四二）には讃岐高松十二万石に封じられて高松藩が立藩となる。

青年期の放蕩生活の背景

数え年で六歳の時に幕府から水戸家の世継ぎに指名され、次期藩主の座を約束された光圀だが、十代前半の頃から、その生活態度は荒んでいく。十三歳の時にあたる寛永十七年（一六四〇）には従三位右近衛権中将という御三家の世子にふさわしい高い官職を与えられたが、その振る舞いは、頼房をはじめ水戸家の期待を大きく裏切った。不良少年としか言いようのない生活ぶりだった。

同じ寛永十七年、光圀の補導役として三名の家臣が任命されるが、その一人小野言員が光圀の日頃の不行跡を諌めるために作成した十六箇条（「小野諫草」『西山遺聞』所収）には光圀の不良少年ぶりが次のとおり記されていた。

「挨拶の仕方や殿中を歩く姿は『歌舞伎者』や『蓮葉者《はすはもの》』と少しも違わなかった」

歌舞伎者は華美を好んで軽薄・異様な風体をしていた者、蓮葉者とは言動が浅はかな者を指す言葉である。

要するに、派手な格好をしていて、話す内容にも品格がないというのだ。水戸家の世継ぎでありながら、天と地ほど身分の違う草履取りたちと気軽に話を交わし、その内容も女性の話ばかりであるとも、小野の十六箇条では糾弾された。

光圀の侍医だった井上玄桐《げんどう》の『玄桐筆記』でも、遊里通いに精を出した様子が紹介されている。挙げ句には朝帰りとなり、鰹売りに姿を変えて屋敷内に戻った話、遊里からの帰路、悪友にそそのかされて浅草で人を斬ってしまった話まで収められている。

その放蕩ぶりは、江戸の旗本の間でも評判であった。「言語道断の歌舞伎人」と評されたほどである。そんな不良少年が家督を継いでしまえば、いったい水戸家はどうなるのか、その行く末が案じられるというのが世間の評価だった。

だからこそ、小野は光圀に諫言した。頼房も光圀に訓戒を加えたが、効き目はなかった。そもそも、頼房自身が若い頃は歌舞伎者と呼ばれても仕方のない身なりに走り、付家老の中山から諫言されたくらいだった。説得力に欠けた面は否めない。

光圀が歌舞伎者のような行動に走った背景には、兄の頼重を差し置いて世継ぎに指名されたことへの苦悩があったとされる。自分が望まなかった水戸藩世子の重圧から逃れたい気持ちが、光圀をして「歌舞伎者」や「蓮葉者」と呼ばれるような行動に走らせた。鬱屈した感情が、そんな形で表出されたわけである。

一方、頼重は光圀とは対照的に、身なりや言動は慎ましく、父の意向に万事従ったため、旗本の間でもたいへん評判が良かったのだが、それは光圀にとり重圧でしかなかった。兄への劣等感と対抗心も放蕩ぶりに拍車をかける結果となる。

そうしたなか、十八歳の時にあたる正保二年（一六四五）に生活態度を改めるきっかけとなった一冊の本に出合う。古代中国の歴史書『史記』であった。

人生を変えた一冊の本

十代前半から後半にかけて放蕩生活に耽っていた光圀だが、そんな生活に疑問を持たなかったわけではない。結局のところ水戸藩世子の重圧から逃れたい逃避行動に過ぎないことは、自分がよくわかっていた。

弟の身でありながら、兄を差し置いて世継ぎになったことがすべての原因と自覚していた光圀は、今の精神状態から脱却するための手掛かりを探し求める。その過程で学問にも精を出すようになり、書物を読みはじめる。

そんな折に出合ったのが中国の歴史家司馬遷が編纂した『史記』（紀元前九一年頃完成）に収められた『伯夷伝』だった。光圀の人生を大きく変えた一冊となる。

古代中国の殷王朝の時代、諸侯の一人である孤竹君には伯夷、仲馮、叔斉という三人の子供がいた。三兄弟は、伯夷が長男、仲馮が次男、叔斉が三男であった。

父の孤竹君は叔斉を跡継ぎにしようと考えていたが、その死後、叔斉は長幼の順からして長兄の伯夷が跡を継ぐべきと主張する。しかし、伯夷は父の言い付けに背くものであるとしてこれを拒み、領国を去ってしまう。叔斉も兄を差し置いて跡を継ぐことはできないとして、同じく去った。そのため、次男の仲馮が跡を継いだという話が『伯夷伝』で紹介されていたのだ。

兄弟が跡継ぎの座を譲り合った美談に、光圀は我が身に置き換えて大いに感銘を受ける。それまでの放蕩生活を恥じ、学問に精を出す好学の青年へと生まれ変わる大きな転機ともなるが、伯夷が頼重、叔斉が光圀という見立てだったのは言うまでもない。

長幼の順からすれば、自分が世継ぎの身であるのは道義に反するが、その座を頼重に譲ることは父頼房の言い付けに背くことになる。頼重にしても受けないに違いない。二代藩主となることは受け入れざるを得ないが、『伯夷伝』をヒントに頼重の子供を自分の跡継ぎにしようと思いつく。これにより、兄を差し置いて世継ぎの座に据えられた苦しみから抜け出し、心の平安を得ようとしたのである。

兄の子を世継ぎに

そのためには子供を儲けない、自分の子を身籠もった者がいれば流産させるつもりの光圀だったが、二十五歳にして侍女弥智との間に頼常を儲ける。承応元年（一六五二）のことであった。

小野言員とともに補導役を命じられた水戸家家臣の伊藤友玄が、主命に背く形で光圀の子を宿した侍女を密かに自邸に引き取り、頼常を出産させたのである。歴史が繰り返されたわけだが、奇しくも伊藤の妻しほは自邸で光圀を出産させた三木之次の次女だった。

身籠もった弥智を伊藤に預けたのは光圀自身という証言もある。生まれてきたのが男の子ならば直ちに命を奪い、女の子ならばどこか適当なところに縁付けるよう命じたという。いずれにせよ、伊藤が光圀の命に背いたことに変わりはなかった。

何としても頼常の命を守りたい伊藤は高松藩主の頼重に窮状を訴えたところ、引き取ろうと申し出てくれた。頼重のもとで養育された頼常は、その後二代目高松藩主の座に就く。光圀は不本意であったが、頼重の意向でもあり、これを認めざるを得なかった。

なお、当時光圀は前関白近衛信尋の娘泰姫との縁談話が進んでいた。同三年（一六五四）四月に婚儀が執り行われている。

寛文元年（一六六一）七月二十九日、頼房が水戸城内で死去する。水戸で葬儀が執り行われた後、頼房の遺領二十八万石を光圀が継承するよう命じる幕府の使者（上使）が江戸の小石川上屋敷にやって来る運びとなる。上使到着を翌日に控えた八月十八日、光圀は弟たちの前で兄頼重に対し、年来温めていた決意を以下のとおり明らかにした。

「明日の上使は定めし、水戸家の家督を継ぐよう命じるための使者であろう。自分は弟の身でありながら世継ぎとなったことを、年来心に恥じていた。出家してしまいたいと思ったが、親子関係が悪くて水戸家を出ていったのではと世間で評判が立つに違いないと思い、今まで世継ぎのままでいた。願わくは、頼重の子綱方を跡継ぎとして養子に迎えたい。このことを承知してくれなければ、幕府から家督を継ぐよう命じられても御請けしない。直ちに出家するつもりだ」

これを聞いた頼重は翻意を促したものの、光圀は聞き入れなかった。根負けした頼重は、綱方を光圀の養子つまり水戸家の世継ぎとすることを承知した。弟の綱條《つなえだ》も光圀が引き取ることになったが、これは綱方に万一のことがあった場合に備えたものだった。

後年、光圀の危惧はあたる。同十年(一六七〇)に綱方が死去したからだ。そのため、綱條が代わりに世継ぎとなり、三代目藩主の座に就く。

光圀が家督を継いで藩主となった時、弟頼元に二万石、頼隆にも二万石というように、弟たちに対しても遺産分与が実行されている。

財政難に苦しむ

三十四歳にして藩主の座に就いた光圀は、以後約三十年間にわたって藩政を執るが、水戸藩の歴史について少しまとめておこう。

水戸藩が置かれた常陸国は、かつて戦国大名佐竹家約五十五万石の領国であり、その居城は水戸城だったが、関ヶ原合戦を経て城主が交代する。天下人となった徳川家康が水戸城主佐竹義宣に対し、出羽国秋田約二十万石への転封を命じたからだ。同合戦の前後に、家康に疑念を持たれる行動を取ったためつけ込まれてしまったのである。その結果、石高を半分以上減らされ、さらにはお国替えまで受け入れざるを得なくなる。

関東の過半を支配する家康は、もともと江戸城に近い水戸城を重視していた。よって、義宣が取った不穏な行動を口実に佐竹家をお国替えとし、代わりに自分の子を次々と水戸城主の座に据える。仙台藩伊達家など奥州の外様大名に対する抑えの城とした。

まず、五男で武田家の養子としていた信吉に十五万石を与えて水戸城主とするが、信吉が早世したため、十男の頼宣に二十万石を与えて城主に据えた。その後、頼宣を駿府城主として駿河五十万石に移封したことにより、今度は十一男の頼房に二十五万石を与えて水戸城主とした。慶長十四年（一六〇九）のことだが、ここに水戸藩が誕生する。

初代藩主の頼房は水戸城を御三家の居城にふさわしい規模に拡張するとともに、軍事力強化のため藩士を盛んに取り立てた。よって、拡張工事の費用に加えて人件費も大幅に増加したため、藩財政の負担が増していく。水戸藩としては、何としても収入をアップさせなければならなかった。

寛永十八年（一六四一）、水戸藩は領内の検地を行い、年貢を新たに賦課できる土地として七万六千七百八十六石を得た。当時の水戸藩の石高（表高という）は二十八万石だが、この検地により実際の収穫高（内高という）は三十六万石余にアップする。

しかし、尾張藩の表高六十二万石、紀州藩の表高五十五万石に比較すると、同じ御三家でも水戸藩の表高はかなり低かった。当時は表高で格式が決められるのが慣例であり、両藩の藩主は大納言まで昇進できたが、水戸藩主は中納言の家格だったことは既に述べたとおりである。光圀は藩主となった年の翌年にあたる寛文二年（一六六二）に参議に昇進したものの、隠居するまで参議のままだった。

一方、検地により年貢を新たに賦課できる土地として七万六千七百八十六石を得たが、その分年貢の負担が増す以上、領民の不満は大きかった。結局のところは、年貢をスムーズに徴収できなくなり、期待したほど収入は増加しなかった。

その上、水戸藩は他藩と比べて江戸での支出がかなり多かった。参勤交代により、諸大名は一年おきの江戸在府を義務付けられたが、大勢の家臣を連れての在府であり、それに伴う費用は巨額にのぼった。当然、江戸在府に要する負担は藩財政に重くのしかかるが、水戸藩は幕府の方針により国元に戻ることはあまりなかった。藩主は原則として江戸での生活を続ける決まりであり、江戸での支出は他藩以上に膨らんでいった。

跡継ぎに回った光圀の善政のツケ

こうして、水戸藩は誕生当初から財政難に苦しむようになる。その克服は水戸藩主の大きな課題であり、そうした事情は光圀においても同様だった。

財政難を克服するため、光圀みずから質素倹約に努めることで支出の切り詰めをはかっている。朝夕の食事は一汁三菜以下、衣服も粗末なものを着るなどして範を垂れたが、藩のみならず藩士たちの生活も苦しかった。財政難の水戸藩は自力で藩士を救済できず、幕府から拝借金を受け、これを藩士に支給したほどだった。

しかし、支出を切り詰めるだけで財政難が克服できるわけもない。結局は収入の増加、つまりは年貢の徴収を厳しくするしかなかった。となれば、農村が疲弊して農民が逃げ出し、田畑が荒廃するのは避けられない。実は水戸藩政において、年貢率が最も高かったのは頼房時代の末期から光圀時代の前半にかけての時期であった。

そのため、光圀は藍・紙・鮭・鮎・鱒などの産物に賦課していた雑税を免除したり、困窮した領民に食料を支給するなどの対策を取る。農民の負担を軽減し、その生活を支援した。

この一連の施策が、光圀の名君としてのイメージに大きく貢献していく。仁政を行う慈悲深いお殿様のイメージだが、それは水戸藩の収入を減らし、支出を増やす施策である以上、財政難をより深刻にするものでしかなかった。そのツケは跡継ぎの綱條が払うことになる。

2 『大日本史』編纂に込めた光圀の狙い

『伯夷伝』から受けた衝撃

十八歳の時、光圀は伯夷と叔斉の伝記『伯夷伝』に大きな衝撃を受ける。この兄弟の生きざまに感銘を受けた光圀は、既に述べたとおり兄頼重の子供を自分の跡継ぎにしようと密かに決意するが、もうひとつ別の決意も固めていた。『伯夷伝』が収められた『史記』自体に大いなる刺激を受け、自分も歴史書を編纂したいと心に期したのである。

『史記』は中国の歴史書が伝統的に採用した紀伝体というスタイルを取っていた。『史記』にはじまる紀伝体は、歴史現象総体を本紀（各帝王の年譜）、列伝（民族や個人の伝記）、志（地理など特殊な分野の変遷）、表（制度の一覧）に分類して記述するものだった。

一方、従来『日本書紀』に代表される日本の歴史書は、編年体というスタイルである。編年体とは時系列で事実を記述するものだが、光圀が編纂に着手した『大日本史』（この書名となるのは光圀の死後）が登場するまで、紀伝体の歴史書は日本にはなかった。

光圀は『伯夷伝』を通じて、単に時系列で歴史を追うのではなく、歴史上の人物の生きざまを介して歴史を知ることの面白さを実感する。ダイナミックな歴史を描き出すには編年体よりも紀伝体の方が有効であった。

明暦の大火と光圀

日ならずして、日本では誰も挑んだことのない紀伝体の歴史書を編纂したいという気持ちが光圀の心に沸々と湧き上がってくる。後に述べるように、自分の名を後世に伝えたいという名誉欲も秘められていたが、実際に編纂計画を立ち上げる契機となったのが、明暦三年（一六五七）に江戸を襲った明暦の大火だ。光圀が世継ぎの時の出来事であり、藩主となるのはそれから四年後のことである。

正月十八日の午後二時頃、本郷丸山の本妙寺から出火した火は西北風にあおられて本郷から湯島一帯を焼き尽くし、駿河台下の大名屋敷を焼き払った。その後、火の手は二手に分かれ、一手は南下して八丁堀・佃島に至る下町一帯を焼け野原とした。もう一手は西風にあおられ、隅田川を越えて深川まで延焼した。

翌十九日午前四時頃に火事はいったん収まったものの、午前十時に小石川から再び出火し、水戸藩の小石川上屋敷も焼失する。火は北風にあおられて郭内の大名屋敷や町奉行所に燃え移り、ついに火の手は江戸城の建物にも及んだ。本丸と天守が焼け落ち、二の丸、三の丸もほとんど焼失した。西の丸だけが焼け残るという惨状だった。江戸城周辺の大名・旗本屋敷も軒並み焼失する。

その後も火は収まらず、江戸の町に甚大な被害を与え続けた。鎮火したのは二十日の午前八時のことである。この大火により、江戸の六割が焼失。焼死者も十万人を超えたとされる。江戸の過半を焼き払い、江戸城までも焼失するという未曽有の災禍に、幕府は強い衝撃を受けた。

水戸藩も小石川上屋敷が焼失したため、光圀は父の頼房や弟たちとともに駒込中屋敷で避難生活を送ることを余儀なくされる。駒込屋敷も被災していたが、焼け残った建物でしばらく暮らすことになった。

貴重な書物も師匠も失う

明暦の大火は江戸城をはじめ城下の建物、そして多くの人命を奪った。貴重な書物も数多く灰燼に帰したが、これに大きなショックを受けて急死した人物までいる。

幕府の儒官を勤めた朱子学者の林羅山である。幕府は中国伝来の思想たる儒学のうち、上下の秩序を重んじる朱子学を保護・推奨することで支配体制の維持をはかっていた。そのため、朱子学者の羅山を召し出して儒官とする。

しかし、この大火により羅山の屋敷も紅蓮の炎に包まれ、一万余ともいわれた和漢の蔵書が焼失してしまう。落胆した羅山は二十三日に急死するが、この時失ったのは貴重な蔵書だけではなかった。

幕府の命により編纂した『本朝編年録』（未刊）も同様の運命を辿る。副本は辛くも焼失を免れたものの、幕府に提出していた正本は灰燼に帰した。

光圀は『本朝編年録』の編纂に密かに関心を寄せていたが、明暦の大火により同書正本が焼失した上、師事していた羅山まで死去したことに衝撃を受ける。大火のような不慮の災害で典拠となる史料を失ってしまえば、歴史書の編纂にも支障が生じるのは明らかである。まずは、古書や古記録の筆写・収集に精を出し、史料の保存をはからなければならない。

史局の開設

早速、光圀は行動に移す。

二月二十七日、駒込屋敷内の焼け残った茶屋を編纂所（史局という）にあて、『大日本史』編纂の第一歩を踏み出した。明暦の大火に罹災する前から史料は収集していたが、今回の大火に接して、史料の収集に努める決意を新たにしたのである。

しかし、四年後の寛文元年に藩主に就任すると、光圀の強い意向のもと開始された編纂事業は停滞を余儀なくされる。藩主である以上、政務を優先させなければならない。何よりも財政難を克服しなければならなかった。

そうした折、光圀に大きな刺激となる動きが起きる。

林羅山が編纂した『本朝編年録』は未刊であったため、幕府は羅山の跡を継いで儒官となっていた三男林鵞峯《がほう》に対し、『本朝編年録』を完成させるよう命じる。寛文二年十月のことである。同四年（一六六四）八月に編纂所の国史館が完成し、書名も『本朝通鑑』と決まった。十一月から編纂が再開されるが、その直後、光圀は再建がなった小石川上屋敷に鵞峯を招いて面談している。

光圀は鵞峯に編纂方針などを尋ねたが、これは探りであった。幕府編纂の『本朝通鑑』に負けない歴史書の編纂を水戸藩が実現しようと考えていたからである。『本朝編年録』改め『本朝通鑑』のスタイルは編年体で、光圀が目指したのは本邦初の紀伝体だが、スタイルの違いに鵞峯つまりは幕府への競争心を見出すことは難しくない。

一時期停滞していた『大日本史』編纂事業は、その後急ピッチで進む。史局を開設した当初、編纂に携わる史局員はわずか四名だったが、寛文五年（一六六五）に九名、八年（一六六八）には二十名に増員された。その結果、十一年（一六七一）七月に本紀二十六冊（神武天皇から桓武天皇まで）の草稿が、光圀の閲覧に供されるまでになる。

翌十二年（一六七二）春には、駒込中屋敷に置かれていた史局を小石川上屋敷に移した。光圀は史局を彰考館と命名するが、既に鵞峯は二年前の十年に『本朝通鑑』全三百十巻を完成させ、四代将軍家綱に献上していた。

尊王の志

『本朝通鑑』の完成に刺激を受けた光圀は、彰考館の編纂事業にますます力を入れる。水戸藩のみならず他藩出身の学者たちを史館員として次々と採用する一方で、延宝四年（一六七六）以降は史館員を京都や奈良を中心に派遣し、史実を確定させるための史料を収集させた。

八年（一六八〇）六月には、神武天皇から御醍醐天皇までの本紀の清書が終了する。天和三年（一六八三）までには「新撰紀伝」と称される百四巻が揃い、光圀の閲覧に供された。「新撰紀伝」は、本紀二十一巻のほか列伝七十巻などから構成された。

「新撰紀伝」では後醍醐天皇までの時代が取り上げられたが、光圀の意向を受けて南北朝合一となった後小松天皇の時代まで記述を延ばすことが決まる。並行して、後醍醐天皇までの記述のチェックを開始したが、重複あるいは脱落といった内容上の不備が数多く見つかったため、補正作業も鋭意進められた。

光圀が編纂を命じたのは歴史書にとどまらなかった。「新撰紀伝」編纂の過程で多くの古文献を収集するうちに、朝廷に有用な古書や記録を分類しておこうと思いつく。朝廷の儀式に関する過去の記事を抽出・分類して部類立てしておけば（部類記という）、朝廷にとって役立つと考えた。水戸藩が編纂した部類記が、今後儀式を執り行う際のマニュアル本となることを期待したのだ。

もともと、光圀は天皇を尊崇する気持ちが非常に強かった。尊王の志である。

既に延宝三年（一六七五）に後西上皇の求めに応じて七言律詩を三首、同八年四月には平安から江戸初期までの古典の序文、跋文《ばつぶん》、日記、紀行などを年代順に集録した『扶桑拾葉集』を献上している。水戸藩は他藩と比べて、朝廷との関係が非常に深かった。

貞享三年（一六八六）、水戸城内に部類記の編纂局として彰考別館が新設される。後に『礼儀類典』と命名される部類記が完成して朝廷に献上されたのは宝永七年（一七一〇）のことだが、既に光圀はこの世を去っていた。

藩財政の逼迫に拍車をかけた光圀の文化事業

『大日本史』や『礼儀類典』などの編纂は、水戸藩の文化事業として後世高く評価されている。しかし、彰考館や彰考別館を事務局とする一連の編纂事業に伴う費用が藩財政悪化の大きな要因となったのも、これまた事実であった。人件費はもとより、各地への史料採訪に要した費用も相当な額にのぼったことは想像するにたやすい。

とりわけ、『大日本史』の編纂は明治まで続く長期の大事業に発展するが、その費用は莫大だった。年間約八万石の費用を要したという俗説まであるほどだ。

水戸藩の表高は二十八万石（後に三十五万石）だが、これは収穫高であって、すべてを年貢として徴収できるわけではない。水戸藩の懐に入るのは四割前後に過ぎない以上、年間約八万石が事実ならば、藩の収入の過半が編纂費用で消えてしまう計算となる。

歴代の藩財政当局にとっては実に頭の痛い問題となるが、光圀が開始した事業でもあり、これを停止するわけにはいかなかった。しかし財政面で言えば、光圀の負の遺産であったことは否めない。

光圀は文化財の保護にも熱心だった。三十歳前後から、藩内外の由緒正しい寺社の保護・復興に努めた。仏像・神像・古碑などの修理・保存にも尽力する。そのシンボルこそ、後醍醐天皇に忠節を尽くした楠木正成を顕彰する墓碑（「嗚呼忠臣楠子之墓」）を楠木正成終焉の地・摂津湊川に建立したことで、こうした活動に投じた費用も多額に及んだ。

『大日本史』の編纂に代表される文化事業は水戸藩の財政に重くのしかかったが、幕府にとっても厄介な事業となる。過去の歴史、つまりは天皇の存在を人々に注目させる契機となってしまったからだ。『大日本史』をバイブルとする水戸学が幕府の前に立ち塞がり、やがて幕府の権力基盤を大きく揺るがすのである。

3　水戸学の誕生

綱吉の将軍就任を支持した光圀

光圀が後西上皇に『扶桑拾葉集』を献上した延宝八年は、幕府にとり激動の年だった。五月八日に、四代将軍家綱が跡継ぎなく病死したからである。

家綱には綱重、綱吉という二人の弟がおり、それぞれ分家させる形で甲斐国甲府二十五万石（甲府徳川家）、上野国《こうずけのくに》館林二十五万石（館林徳川家）を与えていた。しかし、綱重は家綱に先立ち死去していて、綱吉が将軍職を継承することになるが、その道は平坦ではなかった。時の大老酒井忠清が京都から有栖川宮幸仁親王を将軍として迎えようとはかったという。いわゆる宮将軍だ。

通常は譜代大名から任命された老中（定員は四～五名）が、将軍の信任を得て幕政を統轄したが、将軍代行職である大老が臨時に置かれる場合もみられた。同じく譜代大名から選任された大老は老中よりも上席で、この時は酒井忠清が大老として幕府の最高実力者の座にあった。

皇族を将軍の座に据えることは鎌倉幕府に先例があった。忠清の権勢を恐れる者たちは賛意を示したが、老中の一人堀田正俊は綱吉を跡継ぎとして指名する家綱の意思を掲げ、綱吉の将軍職継承を実現させた。その功により、正俊は忠清に代わって大老に任命されることになる。

綱吉が五代将軍の座に就いたのは同年八月のことだが、この時光圀は綱吉の将軍就任を強く支持したといわれる。御三家は幕府の政治向きには関与しなかったが、自身も徳川宗家を継承する資格を持っていたことから、継嗣選定において光圀は一定の影響力があった。綱吉擁立を目指す正俊にとり、光圀の支持は追い風に他ならなかった。

跡継ぎ問題からこじれはじめた二人の関係

したがって、光圀と綱吉の関係は良好であったが、奇しくも同じ跡継ぎ問題で二人の意見は分かれる。綱吉は将軍職を継承する前年に徳松という男子を儲けており、自分つまり将軍の跡継ぎとすることを強く望むが、これに異を唱えたのが光圀だった。

綱吉の将軍就任時（三十五歳）、亡兄綱重には十七歳になっていた忘れ形見の綱豊がおり、次の将軍職は綱豊（後の六代将軍家宣）が継承すべきと光圀は考えていた。存命ならば綱重が将軍職を継承したはずという考え方に基づき、綱吉を綱豊が将軍の座に就くための中継ぎの将軍とみなしたのである。

光圀は兄の頼重を差し置いて藩主の座に就いたことを苦にしており、その苦しみから逃れるため頼重の子を継嗣とした。言い換えると、みずからを中継ぎの藩主と位置付けた。これに倣うことを求めたが、徳松を継嗣としたい綱吉の不興を買うのは避けられなかった。

その後、徳松は夭折する。綱吉は実子に将軍職を継承させようと強く望んだものの、徳松のほかに跡継ぎの男子を儲けることはできなかった。やむなく綱豊を継嗣に指名するが、その時光圀はこの世にいなかった。

光圀は綱吉の施政にも批判的であった。その象徴が生類憐みの令だが、同じく批判的な大名や旗本、町人たちと千寿会というグループを組んで会合を重ねていたとも伝えられる。綱吉との関係は悪化せざるを得なかった。

綱吉は父家光や兄家綱のように長男ではなかった。生まれながらの将軍ではないため、みずからの権威を高めることに熱心だった。舐められてはいけないという思いがあったのだろう。そのため、将軍職を継ぐ資格のある御三家にも高圧的な姿勢で臨んだようだが、御三家からすると、そんな綱吉のスタンスに当然ながら反発する。その急先鋒こそ光圀であり、二人の関係はさらに悪化していく。

高まる緊張関係

光圀は家綱時代の寛文二年十二月に参議に任命されたものの、その後三十年近くにわたって参議のままだった。御三家の尾張家の光友と紀州家の光貞にしても家綱の時代に参議から権中納言に昇任し、極官の権大納言まであと一歩となるが、そのまま中納言に据え置かれた。いずれの家も極官への道は遠かったが、御三家を抑え込みたい綱吉の意思をみることはたやすい。

元禄三年（一六九〇）五月四日、光圀より三歳年上の尾張藩主の光友と二歳年上の紀州藩主の光貞が幕府つまり綱吉の奏請により、朝廷から権大納言に任命された。念願の極官への昇任だったが、この時光圀は権中納言への昇任はならず、参議のままだった。

尾張藩・紀州藩に比べると水戸藩の表高は半分ほどであり、両藩よりも格下に位置付けられていた。その象徴が極官の差であったが、光圀からすると、同じ御三家である以上、極官への同時昇任の線は譲れなかった。

ところが、綱吉ははっきりと格差をつけたのである。官位への執着が強かった光圀は大きなショックを受けるが、綱吉はそんな光圀の執着心を見透かしていたのかもしれない。

光圀の伝記のひとつ『義公遺事《ぎこういじ》』によれば、光圀は、人から尊敬されるのは官位のお蔭であると常々語っていたという。官位は朝廷つまり天皇から与えられるものであったことが、光圀に尊王の志が厚く、朝廷へ部類記を献上しようと思い立った理由にもなったのは間違いないだろう。

よって、綱吉の今回の処置は、光圀を大いに落胆させたはずだ。既に還暦を越えており、寄る年波には勝てなかった。体調不良にも苦しんでいた。

その上、水戸藩の財政難を克服できず、藩政も行き詰まりをみせていた。年貢の徴収を厳しくしたことで領民の不満も溜まっていたため、農民の負担を軽減したり、その生活を支援したりしたものの、財政難をより深刻にするものでしかなかったことは既に述べたとおりである。

この状況が続けば、いずれ藩内で騒動が起きることは時間の問題だった。実際に、次の綱條の時代にあたる宝永六年（一七〇九）には、年貢増徴に反対する一揆が藩内で起きる。そうした事態になれば、幕府からその責任を問われるのは避けられなかった。

綱吉は諸大名に対し、治政の責任を厳しく追及した将軍でもあった。その結果、減封にとどまらず、改易に処せられた大名が何人も出ている。

譜代大名はもとより、たとえ徳川一門の親藩大名であっても容赦しなかった。将軍就任直後に断行した、俗に越後騒動と呼ばれる親藩の越後高田藩主松平光長の改易はその象徴だが、松平光長は綱吉と同じく、家康の曽孫にあたる人物であった。

諸大名に対する一連の厳しい処置には、生まれながらの将軍ではない綱吉が自分の権威を高めたい狙いも込められていたが、水戸藩政が行き詰まりをみせていたことは察知していたはずである。いや、幕府が派遣した付家老もおり、藩の内情は筒抜けだったとみた方が正確だろう。

光圀隠居の背景

光圀は病気を理由に何度か隠居願を提出していたが、幕府がその願いを容れることはなかった。幕府が受理しないことを前提にした隠居願だったが、尾張光友と紀州光貞が権大納言に任官してから約五か月後にあたる元禄三年の十月十四日に、老中阿部正武が綱吉の使者として小石川上屋敷の光圀のもとを訪れる。

綱吉から隠居の許可が下りたと通告するためであった。

同日、今度は老中土屋政直が訪れ、世継ぎの綱條が水戸家を相続するようにという綱吉の命を伝えた。

翌十五日、光圀と綱條は登城して綱吉に拝謁し、隠居と相続の件について謝意を申し述べた。スムーズに水戸藩主の交代が実現していることから、既に幕府と水戸藩の間で話がまとまっていた様子が窺えるが、同じ日、光圀は綱吉の奏請により権中納言に任命された。老中から上意（綱吉の意思）として強く勧められたため、やむなく権中納言への任官を受け入れたというが、事実は違うだろう。光圀からすると、隠居と引き替えの形で悲願の極官に任官した格好だった。綱吉からすれば、光圀が渇望していた権中納言任官を条件に隠居を呑ませたというのが真相ではないか。

綱吉としては、将軍継嗣で意見が分かれる上に、自分の施政にも批判的で疎ましい存在だった光圀の扱いに苦慮していたが、隠居させてしまえばその発言力を削ぐことができる。綱吉から隠居勧告があったという証言も、彰考館総裁となる立原翠軒編『西山遺聞』に収められている。

光圀にしても、藩主としての限界を感じていた。三十年以上も藩主の座におり、世継ぎの綱條も自分が藩主となった年齢に既に達した。年齢や健康の問題もあったが、ここに隠居を決意する。綱吉はそんな光圀の状況を見透かした上で自主的に隠居するよう勧め、その代わり権中納言への任官を認めたのだろう。

十二月四日に帰国した光圀は、翌五日から三日間、藩士やその子供たちを水戸城中に集め、隠居した旨を訓示する。訓示では体調不良が隠居の理由として掲げられたが、藩政が行き詰まっていたことをみずから認め、困窮し苦しむ藩士たちに詫びる内容になっていた。綱吉からの勧告もあったとはいえ、藩主としての限界も隠居の大きな理由だったことが改めて確認される。

「西山御殿」での隠居生活

光圀の隠居生活は十年続く。隠居と同時に権中納言に任官したことで、名実ともに水戸黄門が誕生したわけだが、隠居後のテーマこそ『大日本史』編纂であった。藩政から退いたことで、全力で集中できるようになる。

水戸に戻った光圀は、翌元禄四年(一六九一)五月三日に終焉の場所にもなる隠居所に移り住んだ。領内久慈郡新宿村(現茨城県常陸太田市)に新築された隠居所は西山荘という俗称で知られる。北東一里先には歴代水戸藩主が葬られる墓所が置かれた瑞龍山、南十三町(一里の約三分の一)先には母久子のために建立した久昌寺があった。

西山御殿という別称もあったように、西山荘は巨大な建物だった。建設に際しては大工・

木挽・壁塗などの職人がのべ約二万二千人も動員され、葺かれた屋根萱も十万三千八百二十把を数えた。西山荘の周辺には光圀付きの藩士二十人ほどの住居が配置されており、毎日五人ずつ出勤する定めだった。足軽など雑役の者も男女六十余人詰めていた。

隠居後の光圀は西山荘で余生を楽しむ傍ら、『大日本史』の完成を心待ちにしていたが、肝腎の編纂事業は遅々として進んでいなかった。

彰考館では後醍醐天皇までの時代を取り上げた「新撰紀伝」のブラッシュアップ、後小松天皇時代までの記述の延長に取り組んでいたが、光圀が他の編纂事業も命じたことで業務多忙となり、『大日本史』の編纂に手が回らなくなったのである。彰考別館が新設されて『礼儀類典』の編纂が開始された上に、『万葉鈔』『本朝詩文集』『鎌倉志』などの編纂も進行中だった。

よって、光圀はこれらの事業を一時中止させ、『大日本史』編纂に集中させる。編纂に従事する史館員も増員したため、編纂事業はスピードアップする。

同十年（一六九七）十二月、「新撰紀伝」の修正増補版である「百本本紀」が完成した。初代神武から百代後小松までの天皇の年譜だが、この『大日本史』は紀伝体であり、列伝、志、表も揃って完成となる。続けて列伝の編纂に取り掛かるが、光圀存命中にすべてを揃えるのはとても無理だった。

光圀没後も続く『大日本史』の編纂

光圀が病のため七十三歳の生涯を終えたのは、それから三年後の元禄十三年（一七〇〇）十二月六日のことである。その時までには四十一代持統天皇までの列伝も出来上がった。次の四十二代文武天皇以降も草稿の過半ができており、『大日本史』の骨格は固まっていたとされる。

正徳五年（一七一五）には書名が『大日本史』と決定し、本紀七十三巻、列伝百七十巻の清書本（正徳本『大日本史』）が水戸城内の光圀祠堂に供えられる。その後、正徳本『大日本史』のブラッシュアップと「論賛」の追加が進められた。「論賛」は本紀や列伝で取り上げられた人物に対する論評のことである。

享保五年（一七二〇）に「論賛」が付された本紀と列伝が出来上がるが（享保本『大日本史』）、後にその削除が提起される。大論争の結果、文化六年（一八〇九）に至って全文が削除されるが、その後も『大日本史』の編纂事業は迷走し、遅々として進まなかった。

遅れに遅れていた志や表、そして目録も出来上がって全四百二巻（本紀七十三巻、列伝百七十巻、志百二十六巻、表二十八巻、目録五巻）が揃ったのは、明治三十九年（一九〇六）のことだった。

水戸学は「尊王敬幕」の思想

『大日本史』については、神功《じんぐう》皇后を后妃に加えたこと、壬申の乱の敗者たる大友皇子を天皇として遇したこと、後醍醐天皇の南朝を正統としたことの三点が特徴として挙げられるのが定番である。これをもって、三大特筆という。

なかでも、南朝に忠節を尽くした武将が高く評価されていた。三種の神器を持つ南朝の天皇を正統と認定し、南朝の後亀山天皇が北朝の後小松天皇に神器を渡した時をもって北朝の天皇が正統となり、南北朝の合一が果たされたという史観を採ったからだ。そのシンボルこそ、光圀が顕彰の墓碑を建立した楠木正成である。

彰考館編纂の『大日本史』は幕府と朝廷に献上されたが、出版もされている。これにより、水戸藩の修史事業の成果が全国各地へ広がる。

光圀が主導した『大日本史』の編纂に象徴される一連の文化事業は、藩内での学問熱を高め、いわゆる水戸学を誕生させた。水戸学は主に儒学（朱子学）に拠りながらも、国学や神道も取り入れられた思想・学問だが、権力の正統性に強い関心を持つ点が特徴とされる。

江戸時代とは、徳川家が天皇から将軍に任命されることで幕府の設置が許され、国政を任せられた時代であった。幕府権力に正統性を付与したのが天皇である以上、水戸学は天皇の権威に注目し、これを強調する尊王論へと行きつく。

水戸学はもともと幕府の存在を否定する思想ではなく、その統治力を強固なものにするための思想だった。将軍継嗣を出す家柄である御三家の水戸藩を発信源とする以上、それは当然だ。一言で言うと、水戸学は尊王敬幕の立場を取っていた。

ところが、江戸後期、特に幕末に入って、内憂外患に翻弄された幕府が国家的な危機に対して有効な対応を取れなくなると、尊王が前面に出て敬幕が後方に下がる。頼りない幕府を批判する思想へと変化を遂げる。やがて、水戸学が起爆剤となる形で倒幕思想が沸き立ち、幕府は滅亡への道を歩むのである。

『大日本史』の編纂・刊行は歴史への関心を高める効果ももたらしていた。徳川家が天皇から国政を委任されている事実を広く知らしめることにもなったが、幕府からするとあまり好ましいことではなかった。天皇という自分よりも上の存在を知られてしまうからだが、皮肉にも幕府を支える立場の水戸藩は、『大日本史』を通じてその事実を標榜する歴史的役回りを演じた。

幕府に向けられた水戸家の不満

水戸学そして『大日本史』は光圀の意図を超え、幕府の存立基盤を揺るがすことになるが、隠居後の元禄八年（一六九五）十月二十九日付で京都の遺迎院応空に送った書状で、光圀は『大日本史』の編纂を思い立った動機について次のように語っている。

自分は十八歳の時から歴史書編纂の志を抱くようになった。武士の家に生まれたとは言いながら、泰平の世であるため戦場では武名を立てることができない。家業ではないが、書籍を編集すれば少しは自分の名も後世に伝わるのではと考え、編纂を思い立った。

名声欲が『大日本史』編纂の動機になっていたことがわかるが、同じ御三家でありながら、水戸藩が尾張・紀州藩よりも格下の扱いを受けていたことへの鬱屈をその奥底に見出すのは難しくないだろう。両藩への対抗意識もさることながら、水戸藩を両藩よりも格下に位置付けた幕府への不満である。

光圀の伝記『桃源遺事』に、「我が主君は天子也、今将軍は我が宗室也」という光圀の言葉が収められている。水戸藩主にとり主君は将軍ではなく天皇なのであり、将軍は徳川本家（宗家）に過ぎない。朝廷との結び付きを強調することで、幕府を牽制しようという強い意志がみて取れるのではないか。

同じ御三家でも、幕府から尾張・紀州両藩よりも格下に位置付けられたことへの不満が、光圀をして朝廷に接近させたのだろう。『礼儀類典』などの編纂そして献上も、朝廷との関係を強めたい光圀の意思の表れに他ならない。

『大日本史』編纂にしても、天皇という幕府よりも上の存在を取り上げることで、同じく幕府を牽制しようとしたのかもしれない。そんな光圀の気持ちが秘められた水戸学は、幕末に入ると幕府に刃を向ける。

隠居後の光圀の生活は『大日本史』編纂に捧げられたが、生前には完成できず、水戸藩の継続事業となった。しかし、光圀が種を蒔いた『大日本史』に代表される文化事業は水戸学を生み出し、やがて幕府を大いに悩ます。

死せる光圀が、生ける幕府を走らせたのであった（野口武彦『徳川光圀』朝日新聞社、鈴木暎一『徳川光圀』吉川弘文館）。

徳川光圀略年表

年号（西暦）	年齢	事項
寛永5年（1628）	1歳	6／10、初代水戸藩主徳川頼房の三男として水戸城下の三木之次邸で生まれる。
10年（1633）	6歳	11月、幕府の裁定により次期水戸藩主に決まる。
正保2年（1645）	18歳	『史記』に収められた『伯夷伝』に出合う。
明暦3年（1657）	30歳	1／19、明暦の大火のため小石川上屋敷焼失。駒込中屋敷に移る。
		2／27、駒込中屋敷に史局を開設し、史書（『大日本史』）の編纂を開始する。
寛文元年（1661）	34歳	7／29、父頼房死去。8／19、2代目藩主となる。
11年（1671）	44歳	7月、本紀26冊（神武～桓武天皇）の草稿が完成。
12年（1672）	45歳	春、史局が小石川上屋敷に移され、彰考館と名付ける。
延宝8年（1680）	53歳	4月、『扶桑拾葉集』を朝廷と幕府に献上。

天和3年（1683）	56歳	6月、本紀（神武～御醍醐天皇）の清書が完成。
貞享3年（1686）	59歳	8／23、綱吉が5代将軍となる。 「新撰紀伝」104巻（神武～後醍醐天皇）完成。
元禄3年（1690）	63歳	朝廷に献上する部類記を編纂するため、水戸城内に彰考別館を新設。 10／14、隠居を許され、甥の綱條が3代目藩主となる。 10／15、権中納言に任官。
4年（1691）	64歳	5／3、西山荘に移り住む。
10年（1697）	70歳	12月、「百本本紀」（神武～後小松天皇）完成。
13年（1700）	73歳	12／6、西山荘で死去。

第 3 章

大和郡山藩主柳沢信鴻
——庭いじりと歌舞伎の日々

都心にある広大な六義園には今なお多くの人が訪れる（提供：アフロ）

1　六義園の整備と多彩な恵み

三万坪の庭園

時代劇では、前章の主役水戸黄門の敵役として描かれることが多い将軍綱吉の寵臣柳沢吉保は、現在は都立庭園のひとつとなっている六義園（現東京都文京区本駒込）を造成した人物でもあった。吉保は光圀と同じく好学なお殿様であり、特に和歌に造詣が深かった。幕府で歌学方を勤める北村季吟《きぎん》から古今伝授を受けたほどだった。

古今伝授とは、『古今和歌集』（最初の勅撰和歌集）に収められた和歌の語句解釈に関する秘説を特定の人に伝授することである。元禄二年（一六八九）十二月、綱吉は北村季吟とその子湖春を召し出し、自分そして諸大名への詠歌指導などを命じた。その後、季吟は幕府で歌学方（歌学師）を勤めるが、俳人としても知られており、門下には松尾芭蕉もいた。

同八年（一六九五）より、吉保は柳沢家の駒込下屋敷内で庭園の造成を開始する。駒込下屋敷の五万坪余の敷地のうち三万坪が庭園にあてられたが、そのコンセプトこそ和歌であった。

それから七年の歳月を経て十五年（一七〇二）に完成した庭園は、吉保により六義園と名付けられる。紀州和歌山の和歌浦の景勝、和歌に詠まれた名勝の景観が表現された池泉回遊式庭園として、今も訪れる人々を楽しませている。

六義園の景勝は吉保だけが楽しんだのではない。おもてなしの空間としての顔を持っており、綱吉の母桂昌院なども訪れた。六義園は饗宴の場として使用された大名庭園の代表格であったが、吉保の死後は社交空間としてあまり機能しなかった。

吉保の跡を継いだのは長男吉里《よしさと》である。吉里も和歌に造詣の深い好学なお殿様だが、父吉保とは違い幕府の要職には就かなかったことが大きかったようだ。

念願の隠居

当時、柳沢家は甲府十五万石の大名だったが、享保九年（一七二四）に大和郡山へお国替えとなる。そのまま大和郡山藩主として明治維新を迎えるが、延享二年（一七四五）に吉里が死去すると、四男の信鴻《のぶとき》が藩主の座を継いだ。お国替えとなった年に生まれた信鴻は二十二歳になっていた。

以後三十年近く藩主の座にあったが、安永二年（一七七三）に隠居する。信鴻はこの年の元日から『宴遊日記』（『日本庶民文化史料集成』第十三巻）と題した日記を書きはじめるが、その冒頭で自分には隠居の意思があると表明していた。隠居の決意を固めたことを機に、日記を書きはじめたのである。

実際に隠居願を提出したのは九月二十五日のことだが、各方面への根回しにはそれだけ時間が必要だったことがわかる。十月三日に至って幕府から隠居を許され、藩主の座を正式に降りる。

跡を継いだのは長男の保光である。宝暦三年（一七五三）生まれの保光は、この時二十一歳だった。

信鴻は五十歳になったばかりであり、現代の感覚からすると隠居するほどの年齢ではない。別に体調も悪くなく、これからみていくとおり、隠居した後も約二十年にわたって隠居生活を謳歌している。

信鴻にとり、隠居することはかねてからの念願だった。世継ぎの保光が二十歳を超え、自分が藩主の座に就いた年齢にほぼ達したことで、幕府に隠居願を提出したのだろう。

好学のお殿様だった祖父吉保や父吉里の血を色濃く受け継ぎ、信鴻も並み居る大名のなかでは屈指の教養人として知られていた。当時の教養のレベルを示す儒学、漢詩、漢文の素養は豊かで、隠居後は側近や息子たちに『源氏物語』や『論語』などを講義したほどだった。その上、文学や絵画に造詣が深く、和歌や俳諧にも通じていた。特に俳諧では評者として鳴らす。書画の揮毫をすることも珍しくなかった。

教養人であるだけでなく、風流さも持ち合わせた洒脱なお殿様であったが、藩主時代は堅苦しい生活を余儀なくされる。江戸では幕府の監視もあって、羽目を外すような生活はできなかった。

しかし、隠居して駒込下屋敷に移り住むと、信鴻はそれまでの窮屈な日々から解き放たれ、余生を心ゆくまで愉しむ。『宴遊日記』には、その様子が事細かく書き記されている。

上屋敷から六義園への転居

柳沢家の上屋敷（現東京都千代田区内幸町）は、江戸城外堀に面した幸橋御門の内側にあった。明治に入ると、江戸町奉行所にあたる東京府庁が置かれる。

安永二年五月二十三日早朝、信鴻は住み慣れた上屋敷を出て駒込下屋敷へと向かった。二時間余りを要して江戸北郊の駒込に到着し、先発していた側室のお隆や侍女たちの出迎えを受ける。その後、屋敷内の龍華庵に参詣した。龍華庵には柳沢家の先祖が祀られていた。

参詣後、園内を回りながら屋敷内の六義館と称された御殿に入った。引っ越し当日はあいにくの雨だったが、この日、信鴻は何度となく園内を回っている。

幕府から隠居を認められたのは十月に入ってからであった。この時はまだ現役のお殿様だが、藩主が住む上屋敷から側室や侍女、家臣や侍医まで連れて下屋敷に転居したことで、藩主の座から降りるという信鴻の決意が藩内に伝わっていく。

もちろん、駒込下屋敷への転居については幕府の許可を事前に取り付けていた。勝手に上屋敷から転居することは許されなかったからで、その許可も得たことで滞りなく引っ越しを完了させる。

信鴻の日記をみると、隠居の意思を表明した元日から転居する前日まで、上屋敷から一度も外に出ていない。病気を理由に、下屋敷での療養を希望するという形で転居の許可を求めたのだろう。だから、外出しなかったのだ。

隠居が許可されたわけではなかったが、駒込への転居とは念願の隠居に向けての第一歩であった。信鴻は転居当日から、雨にも拘らず何度となく六義園内を回ったが、事実上の隠居生活に入ったことへの興奮冷めやらない心情が窺える。

「悠々自適」への強い思い

信鴻の終の棲家となった駒込について簡単に触れておこう。

駒込には柳沢家の下屋敷のほか、加賀藩前田家の中屋敷も広がっていた。隣の染井には津藩藤堂家の下屋敷もあったが、駒込も染井も巨大都市江戸の郊外地であり、田畑や林も多い農村地帯だった。江戸郊外の駒込村や染井村で、柳沢家や前田家そして藤堂家が幕府から広大な土地を拝領して屋敷を建てたと言った方が正確だ。

上屋敷があった江戸城界隈とは違い、自然豊かな場所であった。大木が鬱蒼と生い茂り、鳥や狐など様々な動物が棲みついていた。野草も豊富だった。そんな自然も取り込むことで六義園も造られた。よって、信鴻は上屋敷のあった江戸城界隈と比較して、駒込村や隣の染井村を「山里」と表現している。

駒込下屋敷に転居した翌日には、「染井の山里に世をのがれて」という題名で次の歌を詠んだ。

住み侘びし　都はなれて　山里に　身をのがるべき　木隠れの宿

「住み侘ぶ」とは、気落ちして住んでいる力をなくす、住みづらく思っているという意味である。信鴻にとり、上屋敷（「都」）での生活は鬱陶しいものだったことがわかる。藩主としての務めは煩わしく、一刻も早く隠居生活に入って悠々自適の暮らしに浸りたかった気持ちが滲み出ている歌なのである。

庭の整備に精を出す

幕府の許可が正式に下りるのを心待ちにしながら、信鴻は駒込下屋敷での生活をスタートさせたが、現役の藩主である限り、外を自由に出歩くことは憚られた。隠居が許可されるまでの約五か月間、屋敷内でいったい何をしていたのか。

その間、信鴻が何よりも力を入れたのは六義園の整備だった。家臣や屋敷で雑用をこなす奉公人たちは総出で、毎日のように草刈りや雑木刈りに精を出している。

信鴻とて例外ではない。側室のお隆や子供たちも伐採作業に従事した。慣れない仕事のため肩を痛めた信鴻は針治療をしているが、整備が進む庭を見ながら、作業の合間に家臣たちと弁当を食べるのは何よりの喜びだった。弁当の中身は蕎麦や田楽である。

それだけ園内には草や雑木が生い茂っていて、庭があまり手入れされていない現状がはからずも露わになっている。吉保の頃のように、六義園は将軍の母やお殿様たちが頻繁に訪れる饗宴の場ではなかったのだ。草刈りの場所は主に、池の周囲に広がる築山や芝地だった。

一連の草刈りや雑木刈りが峠を越したのは、夏が過ぎて秋に入った頃である。十月には念願の隠居が許可されたが、冬も近づいていたため、庭造りを本格的に開始したのは年が明けて春になってからであった。

朝寝を楽しむ

隠居の身となってはじめて迎えた元日（安永三年〈一七七四〉）に、信鴻は次の一句を詠んでいる。

君恩に　先ず元日の　朝寝かな

藩主時代の元旦、信鴻は朝寝どころではなかった。正月元日から三日にかけて、江戸在府の藩主たちは江戸城に登城し、将軍に年賀の挨拶を行うことが義務付けられていた。同じくお殿様と呼ばれた旗本も同様だ。

柳沢家のような譜代大名は元旦に年賀の挨拶を行うことになっており、朝寝坊など到底できなかった。拝謁の時刻は午前十時だが、第1章で述べたとおり遅刻することは許されなかったため、七〜八時ぐらいには登城行列は屋敷を出立した。

なぜなら、江戸在府中の藩主が一斉に登城行列を組んで江戸城へ向かったからである。通勤ラッシュのように往来がごった返したため、時間に余裕をみる必要があった。準備の時間も計算すれば、まだ暗いうちに起きなければならなかったが、御供の家臣たちはもっと早くに起きていただろう。

しかし、隠居の身となれば、もはや元旦に登城する必要はない。元旦に朝寝坊できる隠居を許可してくれた将軍に感謝申し上げるという気持ちが込められた一句なのである。

重労働も充実の日々

六義園はもともと躑躅《つつじ》の多い庭だったが、信鴻の日記を読むと、梅・桜・花菖蒲・萩・菊と様々な花を植えていることがわかる。庭造りのメインは、季節を代表する花を植えることだった。そのほか、桃・藤・山吹なども植えられた。

躑躅の場合でいうと、園内には苗床があった。鉢植えの苗を購入して植えるだけでなく、いわば自家生産することで躑躅が多い景観が維持されていたことがわかる。梅は鉢植えする一方、接ぎ木した結果、梅林となった。花菖蒲については株分けされた。

園内では、花木の植え替えや移植が絶えず行われている。もちろん細かい手入れも必要だが、となると家臣や奉公人といった素人では無理である。単に草や雑木を伐採するだけならばともかく、手入れは専門職たる庭師の領分だった。六義園に限らず、大名庭園の維持に庭師の果たした役割が大きかったのは言うまでもない。

六義園には、清兵衛という庭師が出入りしていた。伐採、移植、芝張り、石組み、井戸掘り、花壇作りなど、その仕事は庭仕事全般に及んだ。池の護岸や築山も造るなど、八面六臂の働きぶりであった。

花を植える一方で、草刈りも継続している。庭の景観を維持するには定期的な草刈りが不可欠だが、六義園では三月から十月までの八か月間がその期間だった。夏の間などは、信鴻も毎日のように草を刈った上、剪定や芝焼きにも関わっており、一連の庭の手入れは日々の生活サイクルにしっかりと組み込まれていた。

側室のお隆も一緒に庭仕事に従事した。丈の高い草を刈り取ったり、ススキなど根が深い草を掘り出したりしている。

だが、草刈りが必要な場所があまりに広かったため、家臣や奉公人だけではとても足りなかった。よって、近在の農民たちを臨時に雇用して草刈りにあたらせたが、そうした事情は他の大名庭園も同じである。総じて、庭園の規模は数千坪から数万坪にも及ぶ以上、人海戦術なくして、その景観を維持することは到底無理だった（安藤優一郎『大名屋敷「謎」の生活』ＰＨＰ文庫）。

刈り取らせた草は、草刈りにやって来た農民に引き取らせている。持ち帰った草は田畑に敷き込んで地力を回復させようとしたはずである。これを刈敷という。

庭園の景観を維持するには定期的な整備を続けることが不可欠だが、当事者にとっては骨の折れる作業であった。しかし、信鴻は何ら厭うことなく、日々庭の手入れに勤しんだ。手入れの様子を日記に細かく書き記していることから、むしろ充実感が窺える。

多様な収穫物も

庭園の楽しみは、花が目の保養になることだけではない。その実も大きな楽しみだった。

六義園が季節ごとにもたらした恵みは多彩であったが、そのシーズンは何といっても収穫時期の秋である。旧暦の八月は秋にあたるが、八月に入ると六義園では栗が地面に落ちはじめるため、一か月ほどは栗拾いが家臣や奉公人の日課となる。信鴻も毎年秋の栗拾いを非常に楽しみにしていた。

六義園は園内至るところに栗の木が生えていた。自生の栗だけでなく、栗の苗床が園内に設けられたことで、栗の木が増えたのだ。安永七年（一七七八）八月半ばの日記を読むと、五～六升もの栗を拾い集めたという記述が連日登場する。園内には椎の木もあり、椎の実も拾っている。

秋の楽しみとしては茸狩りも挙げられる。翌八年（一七七九）の記事をみると、八月十一日から一か月の間に四百本以上の初茸を収穫している。茸類では松露も採れた。茸狩りに出て、栗や椎の実を拾ったこともあった。

園内には野菜畑もあり、茄子、菜、もろこし、とうがらしなどが収穫されて食膳にのぼった。茶畑では信鴻も茶摘みだけでなく、製茶までしている。

当時は糸瓜《へちま》から採取した液体を化粧水として用いたため、糸瓜も栽培された。収穫量は年間三〜六斗ほどだった。駒込下屋敷には側室や侍女たちも住み込みで働いていたが、これだけあれば化粧水は十分に賄えただろう。

自生の薬草も採取している。枸杞《くこ》・五加《うこぎ》・忍冬《すいかずら》などは煎じて薬湯として飲まれた。豨薟《めなもみ》は乾燥させた上で風邪薬（きれん）として服用されたが、信鴻は園内だけでなく外出した時にも豨薟を採取した。信鴻は薬草に関する知識も豊富だった。

園内の恵みは実だけではない。樹木は建築材として転用された。栗の木は橋の用材、杉は藤棚、樅の木は棟木に使われた。

贈答品に変身する

六義園が信鴻にもたらした多彩な恵みは、自分や側室、侍女、家臣たちが消費しただけではない。贈答品にも変身した。というよりも、贈答品に回された方がはるかに多かっただろう。六義園は巨大な農場としての顔も持っていたからである。

日記からは、春に土筆《つくし》、夏に茄子・筍、秋に栗・茸、冬には大根・ねぎが贈られていることが判明する。贈与先も多数に及び、安永九年（一七八〇）には百六十件以上にも達した。贈与した相手は息子や娘などの親族、俳諧仲間の大名、俳諧の宗匠、そして芝居関係者などであった。

信鴻は評者として鳴らすほどの俳諧通であり、同じく俳諧を愛好する大名との交流は深かった。姫路藩主酒井忠以《ただざね》や信濃松代藩主真田幸弘たちだが、贈与の際には一句添えて贈っている。

六義園では信鴻主宰で様々なイベントが催されたが、最も多かったのは俳諧の会だった。ちなみに、信鴻の俳号は米翁、忠以は銀鵞、幸弘は菊貫である。信鴻の息子たちも、おのおの俳号を持つ俳諧の愛好者であり、家臣にも俳諧を趣味とする者は多かった。

芝居関係者では、中村仲蔵や坂東三津五郎などの歌舞伎役者、芝居を見に行った時に飲食を楽しんだ芝居茶屋などに贈られている。後に述べるとおり、信鴻は芝居のたいへんな愛好者であった。

贈与するだけでなく、逆に贈与されることも頻繁である。菓子や野菜、魚などの食べ物が重箱や籠で贈られてくると、入れ物の重箱や籠は相手方に返すのが仕来りだが、空で返したのではない。御礼の印として、有り合わせの物を入れて返すことが通例だ。その品は「お移り」と呼ばれた。

信鴻の場合、六義園産の野菜類を「お移り」とすることが多かった。日記には、筍、栗などを贈る事例がみられる。

外出した時に借用した容器を返却する時にも、園内の産物を入れた。安永七年八月二十日、信鴻は浅草寺参詣に出掛けたが、その際に立ち寄った仙石屋で食事を取っている。仙石屋では田楽や漬け物を貰い、店の箱に入れて持ち帰ったが、翌日に返却された箱には六義園産の栗と葛が入っていた。

大名庭園の産物が贈答品に変身するのは、六義園つまり柳沢家に限られる事例ではない。

江戸に屋敷を持つすべての大名にあてはまることであった。

2　園の意外な活用法

「御庭拝見」という人心収攬術

六義園に限らず、江戸藩邸内の庭園は将軍や同僚の大名を接待する社交空間として活用されたが、外に対してだけ開かれたのではない。大名家内部、つまり藩士たちにも開かれた。しかし、その目的は異なり、藩士たちは自由に庭園を見学できたわけではなかった。

むしろ、同じ屋敷に住んでいながら長屋住まいの家臣たちは、お殿様の庭園に自由に入れなかった。入園にはその許可を得ることが前提である。そもそも、藩邸内の庭園はお殿様とその家族だけが楽しめるプライベート空間であり、その分、藩士たちの間では庭内を見たい気持ちが高まっただろう。いわば限定という付加価値がつくことで、庭園の魅力や価値がアップしたのだ。

その裏には、庭園の見学を特別に許可することで主君のありがたみを感得させたい藩当局の思惑があった。主君からの恩恵ということだが、単に見学させるのではない。「御庭拝見」

の名目で見学させている。

忠誠心を喚起させるための手段として、庭園を勿体ぶって見学させたのである。主従関係を再認識させる場として庭園が活用されたことで、御庭拝見は藩の公的な行事としての性格を強める。

ついには、拝見を許された者が「拝見記」を記述するようになった。その記録を読んだ者の心に、庭園を拝見したい気持ちが自然と湧き上がり、庭園の魅力や価値がさらに高まっていく。

藩士たちはお殿様からの恩恵として庭園の拝見を許されたが、全員が対象ではない。例えば、紀州藩赤坂屋敷内の西園と呼ばれた名園を拝見できるのは、原則として江戸勤番侍に限定された。拝見したい旨を願い出た上で許可されたが、お殿様の御供で一年間しか江戸藩邸に住まなかったことが考慮されたのだろう。

拝見を許可されたのは、藩士だけではない。その子供も拝見を許されたが、そこには藩当局の深謀遠慮があった。

西園内には稲荷社や秋葉社など数多くの社が祀られ、毎年二月初午の稲荷社祭礼と十月頃の秋葉社祭礼の時に、家臣の子供で十五歳以下の男子には入園そして参詣を許している。すなわち、西園の拝見を許可するのが慣例だった。二月の最初の午の日は初午と呼ばれ、お稲荷さんのお祭りが盛大に開かれるのが恒例で、それにかこつける形で御庭拝見を許可した。秋葉社祭礼の時も同じだ。

この場合も、紀州藩はお殿様からの恩恵として御庭拝見を許可している。家臣予備軍の段階から、庭園を介して忠誠心を刷り込ませたい意図が秘められていたが、こうした光景は他藩でもみられたはずである。

拝謁場所での格付け

大名庭園は家臣団統制のための巧妙な装置として機能していたが、その実態を六義園でみてみよう。

柳沢家では、江戸勤番の藩士が六義園の拝見を許されるのは慣例となっていた。既に信鴻は藩主ではなく、六義園は藩主の庭園でもなかったが、拝見を許可した意図が柳沢家に対する忠誠心の喚起にあったことは言うまでもない。

御庭拝見の記述が日記に最初に登場するのは、信鴻が六義園に移り住んでから四日後の安永二年五月二十七日の項である。以後、御庭拝見の記述が多出する。

同四年（一七七五）には、拝見の記述が三十九件もみられた。九月五日、信鴻は四名の藩士に庭の拝見を許したが、そのうちの三人は江戸勤番のため郡山から江戸に出府してきた藩士だった。

まず、山岸惣兵衛という藩士に庭を拝見させている。庭を見せただけでなく、庭での謁見も許した。

続けて高橋伝治にも庭を拝見させたが、伝治は六義館の「奥」で謁見している。その上、扇子と煙袋を下賜した。庭での謁見組である惣兵衛よりもはるかに厚遇であり、感激したはずだ。その分、柳沢家に対する忠誠心は増しただろう。

三人目の長沢牛右衛門については、六義館の「表」で謁見した。惣兵衛よりも厚遇だが、「奥」での謁見組である伝治の方が厚遇だった。

御殿は「表」と「奥」の空間に大別されるが、奥まった部屋での謁見の方が信鴻との距離は近い。それだけ厚遇ということになる。

江戸の武家社会は、将軍や大名をトップとする厳格な序列社会である。序列を守ることで、つまり格差をつけることで社会体制が維持された。

御殿における主君への拝謁では藩士たちの序列が視覚化されていたが、拝謁の場所が主君に近づけば近づくほど自分の格が上がる以上、その距離が近づくことを家臣（藩士）としては強く望む。近づく分、忠誠心も喚起されるが、お殿様の住む御殿だけでなく、庭園も同じく格付けの舞台としての顔を持っていた。

庭での謁見組、「表」での謁見組、「奥」での謁見組と、御庭拝見後の拝謁場所に格差をつけることで藩内における序列を明示したからである。

町人や農民にも丹精込めた庭を見せたい

当初、六義園の拝見を許されたのは藩士やその家族に限られたが、次第に対象が拡大していく。安永九年以降、拝見者の数が急増する。

安永八年までは、御庭拝見の回数は五十件未満だった。ところが、同九年は百三十四件。天明元年（一七八一）は九十八件、同二年（一七八二）は百二十四件、三年（一七八三）は百四十七件、四年（一七八四）は百二十二件とほぼ百件を超える。

安永九年に菊花壇を設けたことと関連があるらしい。信鴻としては、自慢の菊花壇を見物させたかったようで、各方面に案内を出している。

しかし、天明元年以降も拝見件数が増えている以上、菊花壇だけにその理由を求めることはできない。実は、信鴻が拝見対象者の枠を広げていた。藩士やその家族以外にも、御庭拝見を許したのである。

こうして、幕臣や他藩の藩士も六義園を拝見することが可能となる。ただし、個人ではなく、集団での拝見という形が多かった。

武士とその家族だけではない。町人も拝見している。町人の場合は商人が多かったが、柳沢家に出入りした御用達だろう。

江戸近郊農村の農民まで拝見している。天明三年五月には、練馬大根で有名な練馬村名主の息子が拝見を許された。六義園も含めた柳沢家の江戸藩邸に出入りしていた者かもしれない。

当時、諸藩の江戸藩邸には練馬村など江戸近郊農村の農民が広く出入りしていたが、その主たる目的は屎尿を汲み取ることである。この時代、人糞尿は下肥として農作物の貴重な肥料となっており、汲み取る代価として農民側は金銭を納めるのが習いだった。あるいは、大根などを現物で納めたが、藩邸など武家屋敷の排泄物は肥料効果が高かったとされる。その分高値で取引されたが、そんな意外な関係を介して農民たちは諸藩と人脈ができ、拝見も許可されたのだろう。

主従関係にはない町人や農民にまで信鴻が御庭拝見を許可した意図はよくわからないが、自分が丹精込めて造り上げた庭を披露したい気持ちがそれだけ強かったのだろう。

隠居身分ゆえの貴重な一日

なお、信鴻は自分の庭を見せるだけでなく、庭を見ることも好きだった。

安永四年四月八日のことだが、信鴻は徳川家ゆかりの伝通院と護国寺、両寺院の庭を見る計画を立てていた。伝通院には徳川家康の母親の墓所があり、護国寺は綱吉の母桂昌院が創建した寺院である。四月八日は灌仏会と呼ばれるお釈迦様の誕生を祝う日だが、江戸時代は境内の庭の特別公開日としていた寺院も多く、この日、両寺院とも庭を一般公開した。

信鴻にとっては都合の良いことに両寺とも六義園に近かった。二つの庭を見て回ろうと考えたが、伝通院の境内が見物客で物凄く混雑してしまい、残念ながら護国寺の庭までは見学できなかった。公開時間内に間に合わなかったのだ。

しかし、藩主時代ならば江戸っ子たちと一緒に庭を見ることなど、夢のまた夢のことだった。お釈迦様の誕生日は、隠居身分ゆえに得られた貴重な一日となったのである（小野佐和子『六義園の庭暮らし　柳沢信鴻「宴遊日記」の世界』平凡社）。

3　芝居に熱中する

まち歩きの日々

六義園の整備に情熱を注ぎ込んだ信鴻の姿を追ってきたが、庭いじりだけをしていたのではない。それに勝るとも劣らず、精を出していたものがある。江戸市中を歩き回ることと歌舞伎見物であった。

藩主時代は幕府の目もあり、上屋敷内での堅苦しい生活が続いた。藩邸の外を気ままに出歩いたり、気晴らしに遊興したりすることは事実上できなかった。吉原での遊興を幕府に咎められ、懲罰として隠居そして転封にまで追い込まれた榊原家の事例は第1章で紹介したとおりである。

そのため、信鴻も藩邸内で自重せざるを得なかったが、隠居の身となれば話は別だった。大いに羽を伸ばす。

安永八年の日記をみていくと、この一年だけで約八十回も外出している。浅草寺・湯島天神・神田明神・亀戸天神などの寺社参詣、花見・夕涼み・蛍狩り・月見・菊見・摘み草、そして江戸三座（中村座・市村座・森田座）の芝居見物がその目的である。

特に浅草寺への参詣は頻繁だった。毎月二回ほどのペースでお参りしているが、安永八年二月十八日に浅草寺へ参詣した時の日記から、その行動を追ってみよう。

隠居とはいえ前藩主である以上、一人で出歩くわけにはいかない。この日は六人の家臣を供に連れている。御供は男性だけとは限らず、側室のお隆や子供を同行させる時は奥女中も同行させた。結局のところ、常に十人前後の外出であった。ちなみに、信鴻たちは徒歩だが、お隆だけは駕籠に乗っていた。

旧暦の二月十八日と言えば、春のお彼岸の時節である。正午頃に駒込下屋敷を出発した信鴻一行七人は、浅草寺に直行したのではない。まずは、開帳中の根津神社に立ち寄った。開帳とは普段拝観できない秘仏などの拝観を期間限定で許可する行事のこと。折しも境内の枝垂桜が満開だったこともあり、境内は参詣客で賑わっていた。

次に向かったのは、上野の寛永寺境内（現上野恩賜公園）の両大師だった。寛永寺開山の天海大僧正（慈眼《じげん》大師）、そして天海が尊崇する慈恵《じえ》大師を祀る両大師（開山堂ともいう）に参詣したが、根津神社と同じく境内は物凄い混雑であった。その後浅草寺に向かい、本尊の観音を拝した。

奥山と呼ばれた本堂の裏手にも回っている。当時、奥山は江戸でも有数の娯楽空間であり、信鴻も手品やこま回しの芸をしばしば見物している。

旺盛な好奇心を満たす

見物後は境内の堺屋という水茶屋で休憩したが、給仕してくれる茶屋娘のお袖を信鴻はたいへん贔屓《ひいき》にした。馴染みの茶屋としては、同じく境内に出店していた伊勢屋もあった。茶屋では浅草餅や持参してきた弁当を食べている。

茶屋で休憩している間、御供の家臣には簪《かんざし》や飴などを買わせた。お隆や子供や奥女中たちへのお土産だった。

浅草からの帰り道は、植木屋で桜の鉢植えを購入している。上野広小路では藤屋に立ち寄って蕎麦を食べたが、浅草からの帰りは藤屋のほか、湯島の伊勢屋や谷中の浜田屋で蕎麦やうどんを食べるのが定番であった。

ちなみに、好奇心旺盛な信鴻は、外出にかこつけて世間で評判の茶屋娘を訪ねている。浅草寺などの境内では出店していた茶屋が集客つまりは売り上げのアップを狙い、美少女に給仕をさせる事例が多かった。

となれば、参詣者の間で評判となるのは必定であり、茶屋娘は女性アイドル化する。その女性アイドル見たさに大勢の人が茶屋に押しかけたが、信鴻もその一人だったわけだ。浅草に出掛けた時は、さらに足を延ばして吉原まで見物に出向いたこともあった。

この日の外出では計十キロほども歩いた計算になるが、これは別に珍しいことではない。信鴻の健脚ぶりが確認できる。

藩主時代は、江戸市中を自由に歩き回ることなど許されなかった。屋敷から一歩外に出れば、藩士たちによる厳重な警固のもと駕籠に乗って移動しなければならなかったが、隠居すればその必要はなくなる。自由に歩き回ることが許された境遇を存分に活用したのである（竹内誠『江戸の盛り場・考　浅草・両国の聖と俗』教育出版）。

芝居小屋に通い詰める

信鴻が熱心に通っていた場所は浅草寺のほか、もうひとつあった。江戸の娯楽芸能のシンボル・歌舞伎が興行された芝居小屋である。

一日に千両、現代の貨幣価値に換算すると億単位もの巨額な金が落ちたとされる場所が江戸には三つあった。朝に日本橋魚市場で、昼に芝居町、夜に遊廓吉原で千両ずつ落ちたというが、芝居町の場合、芝居小屋での興行だけでは千両もの大金は落ちなかった。芝居町には小屋の周囲に飲食街がある。そこで消費される分も含めての数字だった。

江戸の消費経済の活性化、すなわち大江戸の繁栄をもたらした要因として歌舞伎の興行は外せないが、江戸の社会風俗に与える影響も大きかった。そのため、秩序を乱すものとして幕府当局の忌諱に触れることも少なくなかった。

天保改革時に江戸歌舞伎の代表格市川團十郎が江戸追放処分を受けた事件などは、政治介入を招くほど江戸の社会に影響を及ぼす巨大娯楽だったことの何よりの証明である。天保改革では奢侈の取り締まりに力が入れられたが、役者が身分不相応の贅沢な生活に耽っていると問題視することで、一罰百戒を狙ったのだ。

江戸時代も今も、演じる役者が男性に限られる歌舞伎ファンは女性が圧倒的だが、江戸の社会風俗書として知られる『世事見聞録』によれば、なかには親や夫のことなど忘れて夢中になるほど、役者の衣装や髪型を真似した女性もいたという。

歌舞伎役者はファッションリーダーとして、江戸の女性の間でカリスマ的な人気を誇っていた。その人気が社会を動かすことを幕府は警戒したのである。

『世事見聞録』では、男性は女性の好みにひきずられて歌舞伎に熱中するとも指摘していたが、逆に男性が熱中してしまう事例も少なくない。本章の主役たる柳沢信鴻こそ、まさにそうであった。

歌舞伎は、大芝居と宮地（小）芝居の二つに大別される。大芝居とは江戸三座（中村座・市村座・森田座）のことで、幕府から常設小屋での興行を許された芝居である。宮地芝居は、浅草寺や神田明神などの寺社境内地や両国広小路といった盛り場で興行された芝居のことだが、その小屋は常設を許されなかった。晴天百日間の興行が終了すれば取り払われるのが原則だった。なお、信鴻が足繁く通ったのは大芝居と呼ばれた江戸三座の方である。安永三年から九年までは、毎年十回以上も通っている。

丸一日の楽しみ

中村座と市村座は「二丁町」と呼ばれ隣接する堺町と葺屋町《ふきやちょう》（現東京都中央区日本橋人形町）にそれぞれ小屋があり、森田座は木挽町《こびきちょう》（現東京都中央区銀座）に小屋があった。信鴻の日記から、芝居見物で外出した時のその足取りを追ってみよう。信鴻の行動はほぼパターン化されていた。

駒込下屋敷を出立するのは主に午前七時から八時にかけてだが、午前五時頃に出かけることも稀ではなかった。駒込から現在の日本橋人形町や銀座まで歩いて行ったため、都合二時間くらいを要した。帰路も徒歩であるから、芝居見物の時は往復四時間となる。健脚ぶりが改めて確認できるだろう。

ただし、ずっと歩き通しではない。途中で茶屋に立ち寄り休憩した。気温によっては茶屋で服を着替えたため、替え着は常に御供の者に持たせている。

御供は通例五〜六人だが、多い時には二十三人も同行させた事例がある。人数が多い時は二手か三手に分かれて芝居町に向かった。お隆を連れていく場合は、まち歩きの時と同じく駕籠に乗らせている。

これほど早い時刻に駒込を出立したのは、一日ゆっくりと芝居町にいたかったからに他ならない。芝居の興行時間は午前六時から午後五時までというのが原則で、現在と違って昼興行のみであった。

芝居町に到着すると、まず向かったのは芝居茶屋である。入る茶屋は決まっており、中村座・市村座で観劇する時は松屋か永楽屋、森田座の時は猿屋だ。

芝居茶屋は芝居小屋近くに店を構えていて、桟敷で見物するには芝居茶屋を利用する必要があった。茶屋を通して桟敷席を確保するシステムになっていたためである。観覧席は桟敷と土間の切落とし（追い込み席）に分かれており、桟敷は料金が高い席で切落としは料金の安い大衆席だが、信鴻はもちろん桟敷席である。

芝居茶屋にあがって湯茶の接待を受けた後、幕開きの知らせを告げる柝《き》を合図に、福草履（鼻緒を太くして白紙を巻いた草履）を履いて小屋に向かい、桟敷席に入った。ずっと桟敷にいるのではなく、幕間には茶屋に戻って蕎麦を食べたり、夕餉を取ったりしている。贔屓の役者や芸者を招き、賑やかに酒宴を催したこともみられたはずだ。

打ち出しの時間は午後五〜七時だが、芝居が終わると茶屋に戻り、夕餉を取った。八時過ぎに茶屋を出て、提灯を頼りに帰路に就く。駒込下屋敷に戻るのは十時頃だが、遅い時は午前零時になることもあった。

芝居見物の日は丸一日の外出となり、体力も消耗したはずだが、信鴻に苦にした様子は見受けられない。それだけ芝居を見るのが好きだったのだろう。しかし、御供の藩士や奥女中にとっては早朝から夜までの勤務となる。大変な一日となったことは間違いない。

藩邸内で芝居を自主興行する

芝居見物に精を出した信鴻だが、やがて見るだけでは物足りなくなる。病膏肓《やまいこうこう》に入《い》るではないが、自分で芝居をプロデュースしはじめる。みずから台本を作成し、奥女中たちに稽古をつけて役者として演じさせた。さらには、花道のある本格的な舞台まで六義館に設営し、年に二回ほど自作の芝居を披露した。脚本・演出を兼ねた製作総指揮といったところだろう。

上演は二日にわたったが、親類のほか藩士の妻子、出入りの町人、医師などを観客として招いている。三座の芝居は昼興行だけだが、六義館での芝居は夜興行だった。日暮れ前からはじめて真夜中まで続いた。夜明け頃にようやく終演となる場合さえあった。

信鴻の命により、にわか仕立ての役者に変身させられた家臣や侍女たちには、中村秀助、市村家蔵、瀬川菊助などの役名がつけられた。当時の著名な役者の芸名をもじっていた。

芝居の舞台にあがるとなれば、歌舞音曲の素養、すなわち歌や踊り、あるいは楽器の演奏は不可欠である。その素養のない者では勤まらなかったが、実は大名屋敷で奥奉公する女性は歌舞音曲の嗜《たしな》みがあるのが普通だった。というよりも、その嗜みがなくして奥奉公は勤まらない。

なぜなら、大名側は奥奉公の条件として歌舞音曲の素養を求めていたからである。江戸城大奥に象徴されるように、武家屋敷の奥向きは行動の自由が制限された女性たちの園であり、それゆえに芸事で無聊を慰める傾向が強かった。歌舞音曲の腕前を披露する機会が多いため、三味線・琴・長唄・踊りは必須の素養となる。そんな歌舞音曲の嗜みがあったことから、奥女中たちは歌舞伎役者に変身することも可能だったのだ。

要するに、奥女中の採用にあたっては歌舞音曲の腕前が大きなポイントとなる。奥奉公は十五〜十八歳からはじめるのが通例だが、いわば高校生が採用されるようなものであった。よって、娘を奥奉公させたい親は小学生にあたる七〜八歳の頃から読み書きなど手習いのみならず、長唄・踊り、三味線や琴といった歌舞音曲を学ばせた。

その成果が披露されるのが奥女中の採用試験の場なのだが、信鴻はその場にできるだけ同席したという。雇用主であるから当然といえなくもないが、それだけ歌舞音曲の腕前をみるのが楽しみだった。日記にはその腕前の評価も記録され、感心した場合は「功者」「上手」、感心しない者には「下手」と評価を加えている。何の評価もない者は並みの腕前だったようだ（畑尚子『江戸奥女中物語』講談社現代新書）。

書き続けた日記

隠居から十二年後にあたる天明五年（一七八五）十二月十八日、信鴻は剃髪する。出家後も日々の日記は欠かさなかったが、翌六年（一七八六）元日からは日記のタイトルを『松鶴日記』（『日本庶民文化史料集成』第十三巻）に変更した。頭を丸めて俗世を離れてからの日記に「宴遊」の文字はふさわしくないと考えたからである。

「松鶴」というタイトルだが、六義園内の松の木に鶴が舞い降りてくるのを見て思いついたという。当時は、冬になると江戸郊外に鶴が飛来することは珍しくなかった。

日記のタイトルは変えたものの、庭いじりと芝居見物の日々は変わらなかったが、さすがにその頻度は減っていく。信鴻も寄る年波には勝てなかったようだ。

信鴻は寛政四年（一七九二）閏二月まで『松鶴日記』を書き続ける。書きはじめてから一日も筆を休めることはなかったが、翌三月の記事はない。その月の三日に、六十九歳の生涯を駒込下屋敷で終えたのだ。

隠居後、二十年近く悠々自適な隠居生活を送った柳沢信鴻が書き残した『宴遊日記』、『松鶴日記』は、「定年後」のお殿様がどんな隠居生活を送っていたかを後世に伝えてくれる貴重な史料だが、余暇を楽しむ費用が藩財政に重くのしかかっていたことを暗示する史料でもあった。

柳沢信鴻略年表

年号（西暦）	年齢	事項
享保9年（1724）	1歳	10／29、大和郡山藩主柳沢吉里の四男として郡山城内で生まれる。
延享2年（1745）	22歳	10／20、吉里の死を受け、藩主となる。
安永2年（1773）	50歳	1／1、『宴遊日記』の執筆を開始する。 5／23、駒込下屋敷に転居する。 9／25、隠居願を提出する。 10／3、隠居を許され、長男保光が藩主となる。以後、屋敷内の六義園の整備、江戸市中のまち歩き、芝居見物に精を出す。
9年（1780）	57歳	六義園内に菊花壇を設ける。
天明5年（1785）	62歳	12／18、剃髪して出家する。
6年（1786）	63歳	1／1、日記のタイトルを『松鶴日記』に変更する。執筆は寛政4年閏2月まで。
寛政4年（1792）	69歳	3／3、駒込下屋敷で死去。

第 4 章

白河藩主松平定信
——寛政改革後の多彩な文化事業

松平定信（狩野養信画、福島県立博物館蔵）

1　栄光の前半生

好学で教養にあふれる

松平定信といえば、寛政改革とセットで語られることが多い人物である。政治家としての名は広く知られているが、実は文化にもたいへん理解ある人物だった。

徳川光圀や柳沢信鴻と同じく、好学で教養あふれるお殿様であった。老中退任後そして隠居後も莫大な費用を投じ続けた文化事業は多彩で、文化財保護にも熱心に取り組むが、それは生まれ育った家庭環境が大きく影響したようである。

宝暦八年（一七五八）十二月二十六日、定信は八代将軍吉宗が創設した徳川御三卿のひとつ田安徳川家に生まれた。御三卿とは御三家とともに将軍継嗣を出す資格を持つ家のことである。田安徳川家・一橋徳川家・清水徳川家の三家だが、石高は一律十万石だった。

田安家初代当主の父宗武は吉宗の次男にあたるが、文武に優れていた。特に和歌に造詣が深く、万葉調の歌人としても知られた。国学者賀茂真淵を重用して国学を学び、有職故実（朝廷や武家の礼式・官職・法令などに関する古来の決まり事）にも詳しかった。国学者の僧契仲に万葉集の注釈書『万葉代匠記』を作らせ、朝廷に『礼儀類典』を献上した水戸藩主徳川光圀と相通じる面を持っていた。

そんな父の血を色濃く受け継いだ定信も、若い頃から武芸はもとより学問や芸術にも熱心に取り組む。儒学者の大塚孝綽《たかやす》から儒学のみならず中国の学問（漢学ともいう）を広く学んだほか、側近の水野為長から和歌、木挽町狩野家第五代の狩野栄川院からは絵画を学んでいる。

多読家でもあり、一年で四百冊以上も読破した年もあったほどだ。中国の古典や歴史書はもとより、日本の様々な書籍にも目を通したが、読むだけでなく著述にも熱心だった。早くも十二歳の時には『自教鑑』を著す。人間が守るべきモラルについて自戒を込めて書き記した著書である。

晩年には古典の書写を日課としたように、好古趣味も濃厚だった。これもまた父の影響がみて取れる。

幕閣入りを目指す

吉宗の孫として徳川一門の家に生まれ、将軍の座に就くことも夢ではなかった定信だが、安永三年（一七七四）三月に人生の転機が訪れる。譜代大名で陸奥白河藩主松平定邦の養子に迎えられた。その裏には、徳川一門から養子を迎えることで白河藩（十一万石）の家格を上昇させたい定邦の目論見が秘められていた。

ところが、同年八月に実家田安家を継いでいた兄の治察《はるあき》が死去する。治察には跡継ぎがおらず、相続者が絶えた田安家では定信を白河藩から戻そうとしたが、その願いは幕府に認められなかった。

当時は、同じく吉宗の孫にあたる十代将軍家治の時代だが、その後、嫡男家基が急逝したことで跡継ぎを失った家治は、御三卿の一橋徳川家から養子を迎えることを決める。白羽の矢が立ったのは当主一橋治済の長男豊千代（後の家斉）である。天明元年（一七八一）に豊千代は江戸城西の丸御殿に入り、将軍継嗣となった。

実家田安家に戻れなかった定信は、同三年（一七八三）に松平家の家督を継いで白河藩主の座に就く。二十六歳の時だが、折しも、関東や東北を襲った大飢饉により米価が高騰した。各地で餓死者が続出するが、定信が藩主を勤める白河藩では餓死者を一人も出さなかったため、定信は名君としての評判を取る。

六年（一七八六）八月に家治が病死すると、七年（一七八七）四月に豊千代改め家斉が十一代将軍の座に就くが、家治が病没して以降、定信は老中として幕政に参画することを目指していた。六月十九日に至って念願の老中に起用され、その首座となる。七月六日には勝手掛を兼務し、幕府の財政を握った。後には将軍補佐役も兼ね、その権力基盤は著しく強化された。

この年、三十歳になったばかりの定信は、祖父吉宗の享保改革に倣い、いわゆる寛政改革を断行することになる。

寛政改革における言論弾圧

寛政改革も享保改革と同じく、幕府財政の再建が大きな課題であった。定信は倹約の励行により支出を削減するとともに、農村復興による年貢量の増収を目指すが、当時の社会情勢にも痛烈な危機感を抱いていた。

老中就任直前のことである。江戸時代の三大飢饉のひとつ、天明の大飢饉を背景に米価が高騰した結果、将軍のお膝元江戸では飢えに苦しむ町人たちによる大規模な米騒動が勃発する。これを俗に「天明の打ちこわし」というが、米価をコントロールできない幕府への政治不信に他ならなかった。

そうしたなか幕府のトップに立った定信にとり、社会情勢の鎮静化も大きな政治課題となる。いきおい、社会の動向には神経を尖らせるが、とりわけ言論による政治批判には非常に敏感だった。

当初は青年宰相として定信の登場を歓迎した世間も、改革の名のもと政治や社会の引き締めをはかる政策基調に次第に息苦しさを感じはじめる。窮屈な政治に不満が募っていく。寛政改革を風刺した落首として「白河の　清きに魚も　棲みかねて　もとの濁りの　田沼恋しき」はよく知られているだろう。かつての田沼意次の放漫な政治が恋しいほど、清廉潔白さを求める定信の改革政治を息苦しく思う名もない庶民たちの怨嗟の声だ。

しかし、定信にしてみれば、信念をもって断行する自分の政治を批判する落首であった。このような言論を通じた政治批判を危険視して、断固たる姿勢に踏み切るのは時間の問題となる。

天明八年（一七八八）に、朋誠堂喜三二のペンネームで戯作者として活躍した秋田藩江戸留守居役の平沢常富が『文武《ぶんぶ》二《に》道《どう》万《まん》石《ごく》通《どおし》』というタイトルの黄表紙（洒落と風刺を織り交ぜた絵入りの読み物）を出版した。しかし、改革政治を揶揄する内容ではないかと幕府から咎められることを恐れた主家の佐竹家は喜三二に対し、黄表紙の執筆をやめるよう命じた。

喜三二は執筆活動を自粛することで幕府の弾圧を免れたが、寛政元年（一七八九）に悲劇が起きる。恋川春町のペンネームで同じく戯作者として活躍した駿河小島藩士倉橋格《いたる》が出版した黄表紙『鸚鵡《おうむ》返《がえし》文武《ぶんぶの》二道《ふたみち》』が改革を皮肉る内容であるとして、幕府の忌諱に触れた。春町は幕府から呼び出しを受けるが、その後謎の死を遂げる。主家に迷惑がかかることを懸念し、自殺したらしい。

出版統制令

寛政二年（一七九〇）五月、幕府は書物問屋仲間に対して出版統制令を発した。黄表紙類の新規出版は禁止、どうしても出版したければ町奉行所に伺いを立てよ。好色本は風俗を乱すとして絶版、浮説を写本にして貸し出すことも禁止するといった内容だった。

そして、翌三年（一七九一）三月に戯作者の山東京伝が同令に違反したとして、出版した洒落本（遊里を舞台とする小説）が絶版に処せられた。自身も手鎖五十日の処罰を受ける。風俗を乱す本を出版したというわけだが、見せしめとして摘発されたことは言うまでもない。

四年（一七九二）五月には、兵学者の林子平が『海国兵談』を出版した廉《かど》で蟄居処分となり、版木が没収された。海防の必要性を説いたことが、いたずらに無用の説を立てて人心を動揺させたとして幕府から危険視されたのである。要するに、海防が不十分な現状を指摘した本であったため、為政者の定信からすれば幕政批判の性格を持つ本となる。

このように、出版への統制が強化されていく流れを受け、御家人の大田南畝《なんぽ》は文芸活動の自粛に追い込まれる。狂歌師や戯作者として多数の作品を世に出していた南畝は、身の危険を感じたのである。

思想面でも学問の統制が強化された。寛政二年五月には、幕府の儒官を勤める大学頭《だいがくのかみ》の林家が預かる湯島聖堂附属学問所（昌平黌《しょうへいこう》）で朱子学以外の学問を講義することが禁じられる。いわゆる寛政異学の禁であった。

江戸湾海防強化

定信は改革政治への批判を封じ込めるため言論統制を強化した。お粗末な海防についても『海国兵談』を絶版とすることで世間に知られないよう目論むが、そんな現状が世間から注目される出来事が起きる。林子平を処罰してから約四か月後の九月三日に、ロシア使節のラクスマンが貿易開始を求める国書を携えて、蝦夷地（現北海道）の根室に来航してきたのである。

当時、ロシア船だけでなくイギリス船なども日本近海に出没しており、幕府や海岸線を所領に持つ諸藩は危機感を強めていた。特にロシアは蝦夷地など防備の薄い日本の北方を窺っていた。そんな現状に警鐘を鳴らすため『海国兵談』は出版された。

子平に指摘されるまでもなく、定信も海防の必要性は痛感するところだったが、お粗末な現状が社会に広まると人心が動揺する恐れがあった。定信は情報統制のため『海国兵談』を絶版としたが、ラクスマンの根室来航を契機に海防強化が幕政の重要課題として急浮上してくる。海防に対する関心が高まり、その現状に対する不安が広がる前に先手を打つ必要があったからだ。

将軍家斉から「海辺御備向御用掛」に任命された定信は、みずから江戸湾の海防問題にあたることになった。以後、外国船の江戸湾侵入を想定した対応が取られたが、定信は沿岸の巡視を買って出る。それだけ、事態を深刻に受け止めていた。

寛政五年（一七九三）三月十八日、定信は勘定奉行や目付を従え、相模と伊豆の海浜の視察に赴いた。四月七日に江戸へ戻るが、翌年は房総を巡視する予定だった。

幕政からの失脚

しかし、その機会は訪れない。相模・伊豆沿岸の巡視結果を踏まえて江戸湾海防計画の策定に入ったものの、突如失脚したからである。

この頃、定信は幕府内部で浮いた存在となっていた。

改革断行のため、定信は権力基盤の強化に余念がなかった。その結果、定信は幕府内で独裁者となるが、半面、次のような批判が広まりつつあった。

かつては人々の意見をよく聞いていたが、近年では人の意見に耳を貸すことがなくなった。定信以外の老中は単独で将軍家斉に拝謁できず、将軍側近の御側御用取次と殿中で話すこともできない。人により挨拶の仕方が違う。お気に入りの者への態度は良いが、気に入らない者には無愛想になり、馬鹿にしたような言い回しをする。

こうして、定信を支える立場の同僚老中たちとの距離が広がり、幕閣内で孤立していくが、定信はこれに気づかなかった。特に、定信が最も信頼した老中本多忠籌《ただかず》の不満は大きかった。心中、その独裁に強く反発していた。また、家斉の実父一橋治済も定信の独裁化には危機感を強める。定信の権勢が大きくなりすぎ、将軍である家斉の威光を脅かす存在になるのは絶対に認められないからだ。

よって、忠籌と治済が手を結び、定信を幕閣から追放する計画が水面下で進んでいく。家斉の父を敵に回してしまった以上、家斉の信任を失うのは時間の問題だった。寛政五年七月二十三日、定信は辞職に追い込まれる。事実上の老中解任である（安藤優一郎『お殿様の人事異動』日経プレミア）。

2　文化事業を支えた絵師たち

あまり知られていない後半生

定信の老中在職期間は天明七年六月から寛政五年七月までの六年強だが、定信退任後も寛政改革の政策基調自体は変わらなかった。老中松平信明《のぶあきら》が跡を継ぐ形で首座に進んだように、定信が抜擢した老中や実務官僚たちはそのままで、改革方針も踏襲されたからである。そのため、彼らは「寛政の遺老」と位置付けられることが多い。

老中退任時、定信は三十六歳になっていた。退任後も、老中や若年寄が詰める御用部屋への入室は許され、いわば相談役のようなポジションは維持したが、実質は名誉職のようなものに過ぎなかった。幕政への影響力はほとんどなかった。

大名が老中に再任される事例は決して珍しくないが、定信は何の役職に就くこともなく、約二十年後の文化九年（一八一二）に白河藩主の座を退いて隠居する。五十五歳の時だが、死去したのは文政十二年（一八二九）で享年七十二だった。

幕府のトップの座を退いた時はまだ人生の半分を生きただけであったが、その後半生についてはほとんど知られていない。寛政改革のイメージがあまりに強い上、幕政に関与することがなかったのがその理由だが、江戸の文化面に果たした役割は実に大きかった。文化事業を多彩に展開することで、後世に大きな遺産を作る。

それは老中在職中からの事業でもあったが、退任して白河藩主に専念する立場に戻ると、一連の文化事業には一層力を入れはじめる。隠居後も、その方針は継続された。

老中退任後、定信は幕政から引退したに等しかったため、定信が江戸の文化人や学者たちを動員して推進した文化事業は、いわば「定年後」のメインテーマとなる。幕府に代わり、彼ら文化人たちを支援する形となったが、事実上幕閣から追放された定信の意地も透けてみえるのではないか。

谷文晁に描かせた『公余探勝図』

定信の文化事業は多岐にわたったが、絵画からみていこう。

青年期の定信は狩野栄川院から絵を学ぶだけでなく、入念な写生と鮮やかな色彩を特徴とする沈南蘋《しんなんぴん》（南蘋派の祖）の画法も家臣の山本又三郎から習っている。その成果を活かし、安永九年（一七八〇）に「柳に白鷺図」、天明元年には「花鳥図」を描いた。

しかし、定信にとって絵画は単なる趣味にとどまらなかった。絵師たちを動員して、その能力を政策に活かしたのだ。江戸後期の画家として著名な谷文晁《たにぶんちょう》もその一人である。

定信の実家田安家家臣の家に生まれた文晁は、定信よりも五歳年下だった。天明八年に奥詰見習として田安家に出仕するが、寛政四年に定信の近習に抜擢される。その画才を政策に活かすための幕府への事実上の転籍であった。

文晁は十歳の時、木挽町狩野家三世、周信《ちかのぶ》の門人加藤文麗に入門する。狩野家は住吉家などとともに幕府の御用絵師を代々勤める家であり、江戸城内の障壁画、将軍の肖像画、贈答用の屏風絵の製作などを担当した。狩野家は四家に分かれており、そのひとつが木挽町狩野家だった。

定信と同じく木挽町狩野派に学び、その流れを汲む絵師としてスタートした文晁だが、十七～十八歳の時には南蘋派や南宋画・北宋画の折衷様式を学んだ渡辺玄対《げんたい》に師事する。さらに、土佐派、琳派、西洋画も学ぶことで、和漢洋の画法を広く取り入れた画風を作り上げていく。

そんな文晁に対し、定信は江戸湾沿岸の巡視に同行するよう命じるが、その前に勘定奉行久世広民、目付中川勘三郎たちが武蔵・相模・伊豆・駿河・安房・上総・下総・常陸の海浜を巡視していた。その結果を踏まえ、定信は相模と伊豆の沿岸をみずから巡視することを決めたのである。

海防の強化には、現場を正確に記録しておくことが不可欠だった。当時は写真がない以上、絵で記録するしかなかったが、何よりも求められたのは正確さだ。正確な距離や奥行きを表現するには、西洋画で用いられた遠近法や陰影画法を駆使する必要があったが、既に西洋画を学んでいた文晁はその期待に見事に応える。

定信の巡視に同行した文晁が各地でいろいろ写生し、そのデッサンをもとに浄写本として完成させたのが『公余探勝図』（東京国立博物館蔵、全七十九図）である。山や丘、樹木、島嶼《とうしょ》に明暗を入れ、水面や海岸には陰影が施された。連山や入江、河川などを遠近画法でまとめ上げているのが特徴だった。

描かれた図から定信一行の経路を辿ると、武蔵国神奈川から東海道を西に向かっている。箱根山中・芦ノ湖を経て伊豆に入ると、天城山を越えて下田に出た。伊浜まで進んだ後は東にとって返し、伊東・熱海を経て東海道を東に向かった。途中、由比ガ浜に出て、三浦半島を海岸伝いに一巡。武蔵国金沢で図は終わっている。ちなみに、『公余探勝図』の名付け親は定信であった。

亜欧堂田善との出会い

『公余探勝図』の製作は、定信が老中に在職していた時の仕事である。製作に要した費用は幕府の負担で、文晁も御用絵師のような立場で関わった。定信が老中を退任して白河藩主に専念する立場に戻ると、文晁も今度は白河藩に転籍する。同藩の御用絵師として『集古十種』（八十五冊）の編纂に代表される定信（白河藩）の文化事業を支えたが、そうした絵師は他にもいた。

江戸後期の洋風画家として知られる亜欧堂田善《あおうどうでんぜん》も定信により抜擢され、その画才が開花した人物である。

定信より十歳年上の亜欧堂田善こと永田善吉は、寛延元年（一七四八）に白河藩領須賀川で生まれた。生家は染物業を営んでいたが、家業を継いだ兄から絵の手ほどきを受けたという。

定信に限らず、大名が老中や若年寄などの役職に就くと参勤交代の対象外となる。江戸城で職務にあたる以上、国元には帰国できなかったが、定信は老中を退任したことで江戸と白河を隔年ごとに行き来する生活に戻った。

退任後の最初の御国入りは寛政六年（一七九四）のこと。七年ぶりの在国であり領内の視察に力を入れるが、この視察に文晁が随行していた。

定信一行が領内須賀川を訪れ、安藤三郎右衛門宅に立ち寄った時である。安藤宅で目にした「江戸芝愛宕山図」屏風に感心した定信は、その屏風絵を描いた画家を呼び寄せる。これが定信と田善の出会いだった。

同八年（一七九六）、田善の技量を見込んだ定信は文晁のもとに入門させ、藩の御用絵師として取り立てた。十年（一七九八）には江戸に呼び寄せ、長崎のオランダ商館から幕府に献上された銅版画の地図を見せた上で、その技法を修得するよう命じている。

銅版画『新訂万国全図』

幕政から退いたとはいえ、定信は引き続き海防に強い関心を寄せていた。幕閣からの要請に基づき、海防に関する意見を具申したこともあった。自分が抜擢した「寛政の遺老」たちが幕閣に残っていたからである。

諸外国の動向、世界情勢への関心の強さから、日本オリジナルの精密で詳細な世界地図の作成そして印刷まで志すが、そこで参考にしたのがオランダ渡りの銅版画の地図だった。木版画に比べて細部の正確な表現が可能な銅版画に注目し、田善をしてその技法を身に付けさせようと考える。

老中在職中から、定信は、西洋つまりはオランダの学問や技術に人一倍関心を持っていた。いわゆる蘭学である。『紅毛雑話』の著作を持つ森島中良《ちゅうりょう》などの蘭学者を召し抱える一方で、オランダで書かれた書物の収集にも熱心だった。召し抱えた蘭学者にはその翻訳を命じたほどだ。そんな定信がオランダ渡りの銅版画の地図に注目しても何の不思議もない。

定信の命により銅版画の技法を学びはじめた田善は、オランダの書物を通じて独自の銅版画法を編み出した洋画家の司馬江漢のもとに弟子入りするが、師匠の江漢との関係は良くなかった。そのため、定信に仕えた蘭学者たちの協力を得ることで銅版画や油絵の技法を修得していく。

外国人が作成した世界地図の翻訳版ではなく、日本オリジナルの世界地図を作成しようと考えたのは定信だけではない。同じく世界の情勢に強い関心を寄せる幕府も同様だった。文化四年（一八〇七）、天文方の高橋景保《かげやす》に世界地図作成の命が下る。天文方とは天文・測量・洋書翻訳などにあたる部局である。

景保はイギリス人アロースミス作成の『世界図』を原図として、世界地図の作成作業に入った。同七年（一八一〇）、天文学者の間重富や長崎通詞の馬場貞由の協力も得ることで、手書きの『新訂万国全図』を完成させる。東アジア一帯を改訂した後、銅板に彫刻する作業へと進んだが、幕府の力だけでは銅版画は作れなかった。

よって、定信は銅版画の技法を身に付けていた田善を天文方に派遣する。幕府に助け舟を出したのだ。

田善は天文方の叡智を結集した『新訂万国全図』を銅版画とすることに成功する。十三年（一八一六）には、印刷刊行の運びとなった。定信が育成した田善の助けなくして、本邦初の官製世界地図『新訂万国全図』の刊行は実現しなかったのである。

鍬形蕙斎に発注した『東都繁昌図巻』

定信の家臣である谷文晁と亜欧堂田善の場合、白河藩の公務として筆を揮《ふる》ったが、定信は他藩の御用絵師にも仕事を依頼している。『江戸一目図屏風』などの作品で知られる鍬形蕙《くわがたけい》斎《さい》はその一人であった。

定信の六歳年下にあたる蕙斎は畳職人の家に生まれたともいわれるが、最初は浮世絵師北尾政美《まさよし》として世に出る。北尾派の祖北尾重政に弟子入りした蕙斎は天明元年に政美と名乗り、北尾派が得意とした黄表紙の挿絵を数多く手掛けた。歌舞伎役者や武者を描いた錦絵なども製作した。

蕙斎の師匠北尾重政は、書肆《しょし》（書店のこと）須原屋三郎兵衛の長男として生まれた。独学で絵を学んだ重政は家業を弟に譲り、浮世絵師として身を立てようと決意する。錦絵や肉筆で美人画を描いて人気を博し、後に北尾派と呼ばれる一門を立ち上げた。戯作者の曲亭（瀧澤）馬琴や山東京伝など人気作家の作品に挿絵を数多く提供したが、京伝は弟子でもあり、浮世絵師としては北尾政演《まさのぶ》と名乗らせる。

浮世絵師として活動していた蕙斎に、人生の転機が訪れる。定信と田善が出会った同じ寛政六年に、徳川一門の親藩大名である美作津山藩松平家（五万石）に絵師として召し抱えられたのだ。御用絵師に取り立てられたのを機に蕙斎と名を改めるが、同九年（一七九七）に祖母の実家の鍬形姓を名乗ったことで、ここに鍬形蕙斎が誕生する。

蕙斎は津山藩に出仕した後、木挽町狩野家第七代の狩野養川院に入門する。狩野家は幕府の御用絵師を代々勤める家柄だが、諸藩の御用絵師についても狩野派の絵師が勤める事例が多かった。蕙斎が遅ればせながら狩野派の絵師として名を連ねることで、津山藩もその例に倣った。

享和三年（一八〇三）、蕙斎は『東都繁昌図巻』（千葉市美術館蔵。一巻本）を製作した。飛鳥山の花見、日本橋魚河岸の盛況、両国橋の夕涼みという江戸の春から夏にかけての景観、その賑わいぶりを活写した作品だが、漢文の詞書《ことばがき》を添えたのは定信の側近四名だった。巻首には定信の蔵書印もあるため、定信の依頼を受けて製作・納品された作品と推定されている。

定信が召し抱えた蘭学者森島中良は黄表紙を発表するなど戯作者としての顔も持っていたが、北尾政美の名で挿絵を数多く提供したのが蕙斎だった。二人は仕事上の付き合いがあったことから、定信は中良を介して『東都繁昌図巻』の製作を蕙斎に依頼したのだろう。定信の自叙伝『宇下人言《うげのひとこと》』によると、定信は津山藩主松平康哉と刎頸《ふんけい》の交わりの関係にあり、蕙斎が仕えた津山藩とも太いパイプがあった。

『近世職人尽絵詞』の意外な製作スタッフ

文化三年（一八〇六）、蕙斎は定信の依頼を再び受け、『近世職人尽絵詞』（東京国立博物館蔵。三巻本）を製作する。大工、屋根葺職人、畳職など数十に及ぶ職人の風俗のほか、庶民生活の様子も描かれた作品である。描いた図ごとに、取り上げた職人に関する故事来歴などが綴られた詞書も添えられており、江戸の職人の実像を知る上での貴重な歴史資料となっている。

上中下の三巻から構成される『近世職人尽絵詞』の「絵」を担当したのは蕙斎だが、「詞」は別の人物だった。上巻は四方赤良《よものあから》、中巻は朋誠堂喜三二、下巻は山東京伝が担当した。いずれも寛政改革では要注意人物とされた面々である。

四方赤良は、かつて狂歌師や戯作者として多数の作品を世に出した幕臣（御家人）大田南畝のペンネームだ。寛政改革の一環として言論弾圧が強まるなか、身の危険を感じて文芸活動を自粛した。朋誠堂喜三二こと秋田藩江戸留守居役の平沢常富は幕府の忌諱に触れるとして、藩から執筆活動を止められた。山東京伝は出版統制令の違反に問われ、手鎖五十日の処分、出版した洒落本は絶版となった。

定信が進めた言論弾圧の方針を受けて文芸活動の修正を余儀なくされた三人だったが、この時定信は無役の大名に過ぎなかった。幕府トップの立場からすると、三人の執筆活動は危険視せざるを得ないが、幕政にタッチしていない無役の身としては、別に要注意人物ではない。

むしろ、彼らの文才を自分の文化活動に活用したいと考え、『近世職人尽絵詞』の詞書を担当させたのだ。それだけ、定信は三人の才能を評価していたが、特に手鎖そして絶版の処分を受けた山東京伝などは、どういう気持ちで定信のオファーを承諾したのか、たいへん興味深いところである。

定信が蕙斎に製作させたのは『東都繁昌図巻』や『近世職人尽絵詞』だけではない。吉原の遊女の一日を十二の時に分けて描いた『吉原十二時絵詞』も、定信が蕙斎に依頼した作品だった。「絵」は蕙斎だが、「詞」は京伝の担当である。吉原をテーマとした本であることから、定信が京伝に白羽の矢を立てたのだ。

そもそも、幕府トップの立場ならば吉原の遊女をテーマとする作品など発注できなかったに違いない。風俗を乱すとして取り締まりを強化するところだが、幕政にタッチしていないこの時の立場ならば、そんな縛りはない。

『吉原十二時絵詞』からは、政治家としては吉原に厳しい姿勢を取らざるを得ないが、文化人としては好意的にみていた定信の意外な顔が窺える。そんなスタンスの使い分けは、山東京伝たちを『近世職人尽絵詞』の製作スタッフに加えたことからも確認できるのである。

3　文化財の保護に努める

京都御所の再建問題と古物の模写

定信プロデュースのもと絵師たちが製作した『公余探勝図』や『近世職人尽絵詞』などの

作品は、江戸時代に生まれた貴重な文化遺産として現在も高く評価されるが、生来好古趣味が濃厚な定信は、文化財の保護にもたいへん熱心だった。

日本で最初の文化財調査図録とも言うべき『集古十種』の編纂はその象徴だが、古物の模写などの作業に実際に携わったのは谷文晁たち白河藩お抱えの絵師たちである。文晁にとり『公余探勝図』は幕府の仕事だったが、『集古十種』の編纂事業は白河藩の御用絵師として関わった仕事であり、全国各地を回って模写作業に励んだ。そしてその編纂主任のような立場にあった。

こうして、『集古十種』の編纂は水戸藩の『大日本史』編纂のような大事業に発展していく。定信が古書画や古器物の模写にいかに熱心であったかがわかるが、模写の重要性を痛感する契機となった出来事が老中在職中に起きていた。

老中就任、つまり寛政改革の開始から約半年後の天明八年正月晦日に、京都御所が焼失する。この年の京都大火では天皇の住む御所だけでなく、二条城をはじめ多くの建物が焼けた。時の光格天皇は聖護院を仮御所とし、再建の時を待つ。

朝廷からの強い要請もあり、幕府としては速やかに御所の再建に取り掛かる必要があった。御所の造営総督に任命された定信は朝廷との交渉にあたるため、中山道を経由して上京の途に就いた。五月二十二日に入京。二十五日には仮御所に参内し、関白鷹司輔平と再建に関する交渉を開始する。

当時、財政難に苦しむ幕府は倹約の励行により支出の削減に努めており、再建費を負担する側としては焼失前の規模での再建は譲れないところだった。当時の御所は平安時代よりも小さかった。

しかし、朝廷は、御所の建物のなかでも紫宸殿（内裏の正殿）と清涼殿（天皇の常の居所）は平安時代の様式に戻し、その規模も拡大して再建するよう強く求めてきた。再建を好機として平安時代の規模に戻そうと目論むが、その分経費はかかる。

結局のところ、定信は朝廷の意向に押し切られてしまうが、問題は費用だけではなかった。平安時代の御所の様子を伝える絵画資料が不足したのだ。模写だけでもあれば、それだけ再建の苦労も減る以上、御所再建の責任者として模写の必要性を痛感せざるを得なかった。

定信はそうした苦い経験を踏まえ、文晁たちお抱えの絵師を総動員して古物の模写に取り組むことを決意するのである。

『寺社宝物展閲目録』をまとめる

定信が御用絵師たちをして模写の作業を本格的に開始させたのは、老中を退任してからのことである。そのため、『集古十種』の編纂は幕府ではなく白河藩の文化事業となるものの、老中在職時から古物模写の動きはみられた。

天明八年五月二十二日に定信は御所の再建交渉のため入京したが、その前日に近江国大津の石山寺に参詣し、同寺の什宝を見学している。もともと好古趣味を持つ定信は京都滞在中、古画の調査や模写を楽しんだが、石山寺では『石山寺縁起絵巻』の模写も申し込んだようだ。

『石山寺縁起絵巻』は、奈良時代に良弁上人が石山寺を開いてから南北朝に至るまでの約六百年にわたる石山寺の事績を描いた絵巻である。最初に詞書があり、それを絵画で解き明かす手法が取られた絵巻だが、鎌倉〜室町時代に製作された貴重な文化財だった。この時は模写には至らなかったが、享和三年になって文晁の養子文一、同じく御用絵師である岡本茲奘《しそう》の二人が模写することになる。

寛政四年十月、定信は再建された紫宸殿の賢聖障子の出来栄えを視察させるとして、寛政の三博士の一人で儒学者の柴野栗山《りつざん》、絵師の住吉広行、国学者の屋代弘賢の三名に京都出張を命じたが、その目的はもうひとつあった。京都近在の諸社寺の什物調査である。栗山は不明だが、広行は絵画、弘賢は書跡を担当した。

三人は賢聖障子の出来栄えを視察した後、京都では東寺《とうじ》など、奈良では法隆寺などの什物を調査している。書跡、扁額、印章、硯《すずり》、古画、楽器などを模写し、調査記録である『寺社宝物展閲目録』をまとめあげた。

定信の強いイニシアチブのもと、幕府が文化財の保存に力を入れはじめたことがわかるが、定信が老中を退任した後は白河藩の事業として継続される。その尖兵として東奔西走したのが文晁だったが、かつては定信の相模・伊豆視察に随行して沿岸を写生する傍ら、鶴岡八幡宮参詣にも随行して所蔵の什物を模写したこともあった。

『集古十種』の編纂・刊行

寛政六年、定信が帰国する際に随従した文晁は、下野国の小山で天王院の什物を見学し、文書・兜・軍扇などを模写している。帰国後の八月には藩士鵜飼貴重の鹽竈《しおがま》神社（陸奥国一の宮）代参に随従し、仙台・松島・平泉で什物を調査した。古碑の拓本も取っている。翌七年（一七九五）には京都・大坂から高野山・熊野を回ったが、模写がその目的だったことは想像するにたやすい。

八年六月、定信の命を受けた文晁は、藩士で儒学者の広瀬蒙斎と自分の弟子喜多武清《ぶせい》を連れ、什物調査のため再び上方へ向かう。京都では高山寺所蔵の『鳥獣人物戯画』を見学し、大徳寺所蔵の『観音図』『猿鶴図』を模写した。いずれも、現在は国宝である。石山寺では、後に養子の谷文一たちが模写することになる『石山寺縁起絵巻』を見学した。

大坂では、豪商の木村蒹葭堂《けんかどう》や升屋平右衛門を訪ねている。両人とも、古画・古書・珍品の収集で広く知られた人物だ。大坂の次は奈良に向かい、元興寺・興福寺・薬師寺などの什物の調査にあたった。

九年には江戸に送られてきた書画類を鑑定調査している。その際には模写もしたが、現地調査や模写にあたったのは文晁だけではない。須賀川の十念寺住職の白雲、同じく白河藩御用絵師で文晁の門人大野文泉（巨野泉祐）たちも各地に派遣された。同じ九年、白雲は鎌倉や江の島の諸社寺の鐘銘、扁額、古画を調査・模写した。

文晁たちにより模写された資料は白河に送られて整理が進められるが、見落とした古物も少なくなかった。そのため、十一年（一七九九）に白雲と文泉が上方へ追加調査に向かい、中国や四国地方にも足を延ばした。翌十二年（一八〇〇）も、二人は上方や中国・四国を回った。

一連の作業の結果、同年には全国各地に収蔵される古物千八百五十九点を模写して収録した『集古十種』が刊行の運びとなる。古物は鐘銘・碑銘・兵器・銅器・楽器・文房・扁額・印章・法帖・古画の十種類に分類され、模写画それぞれに材質・大きさ・所在・特色などが記された。刊行が完結したのは、さらに数年後のことである。

『石山寺縁起絵巻』の補作も試みる

定信は『集古十種』の編纂と並行して、古物のなかでも主に絵巻や古画の模写集である

『古画類聚』の編纂も開始していた。絵巻物や古画の愛好ぶりがよくわかるが、『源頼朝像』などの古画や『伴大納言絵詞』などの部分図が収録された『古画類聚』でも模写にあたったのは、文晁たち白河藩の御用絵師たちだった。

『古画類聚』は『集古十種』と異なり、刊行には至らなかった。写本が現存するが（東京国立博物館蔵）、その序文で編纂意図が次のように述べられている。

「単に文化財を保存するための模写ではない。歴史資料として活用されることを願う」

そんな思いは、並行して編纂した『集古十種』の編纂についてもあてはまるだろう。

定信は絵巻自体の模写にもたいへん熱心であった。『北野天神縁起絵巻』や『春日権現験記絵』などを模写させたが、『石山寺縁起絵巻』に至っては欠損していた巻を補作までしている。

定信と『石山寺縁起絵巻』の出合いは、京都御所再建のため上京した時である。その時は見学しただけだが、後に模写の許可を取り付け、享和三年に岡本茲奘や谷文一たちが石山寺に赴く。全七巻のうち巻五までの模本の製作を完了させたが、巻六と巻七が欠損していたため、その補作を石山寺から依頼される。

残されていた詞書から絵を推定して復元することになったが、それを任せられたのが文晁だった。文晁は『春日権現験記絵』などを参考に、文化元年（一八〇四）から二年（一八〇五）にかけて補作を完了させる。

文化元年には、『輿車図考』も編纂した。古書から輿と車の記事を集めて考証を加え、住吉派絵師による彩色の図を付した故実書で、『輿車図考』についても文化財保護の観点から編纂された。

定信は、日本古来の文化財をはじめて全国規模で調査して保護に努めた為政者と評価できよう。現代風に言うと、アーカイブ（記録保存）の先駆者だったが、白河藩の財政には重い負担となっていたのである（福島県立博物館『定信と文晁―松平定信と周辺の画人たち―』福島県立博物館 平成四年度第三回企画展図録。磯崎康彦『松平定信の生涯と芸術』ゆまに書房）。

4　隠居後の定信

旺盛な執筆活動

幕府トップの座を退いて以降、定信は文化人や学者たちを動員して文化事業を推進し、『新訂万国全図』『東都繁昌図巻』『近世職人尽絵詞』『集古十種』などの産みの親となったが、自身も文化人としての顔を持っていた。

父田安宗武の血を色濃く受け継ぎ、若い頃から学問はもとより和歌や絵画に親しむ日々を過ごしていたが、注目されるのは著作の多さである。著作数でみれば、江戸時代のお殿様のなかでも最多だろう。

早くも十二歳の時には教訓書の『自教鑑』を著したことは既に述べたが、生涯を通して二百近くの著作があるとされる。なかでも、自叙伝の『宇下人言』や、政治論を語った『国本論』『政語』などは寛政改革を知る上での基本史料でもある。

隠居して白河藩政の第一線から退くと執筆活動にも拍車がかかるが、定信が隠居したのは文化九年のこと。定信五十五歳の時だが、老中を退任してから約二十年の月日が経過していた。

この年の三月、定信は藩内に向けて次のような通達を出した。

「近年、多病のため幕府に隠居を願い続けてきたが、去年十二月からは疝気《せんき》と腰痛を煩った上に記憶力も低下し、公務に支障が生じている。改めて隠居を願い出る予定である」

そして、四月六日に至り、幕府は定信の隠居願と嫡男定永の家督相続願を認めた。定永は寛政三年生まれであるから、二十二歳で白河藩主の座に就いたことになる。

定信は幕府から隠居が許可されると、八丁堀の上屋敷から築地の下屋敷に移り住んだ。隠居を機に「楽翁《らくおう》」と名乗るが、隠居した日から日記を書きはじめている。死去する前年の文政十一年（一八二八）の大晦日まで十六年間にわたって書き記した日記は『花月日記』という。

柳沢信鴻のように日々の出来事を書きとめる一方で、『花月草紙』『楽亭筆記』などの随筆も執筆した。特に『花月草紙』は格調高い文体である上に、識見の高さと教養の深さも滲み出ているとして、江戸時代の代表的な随筆と評価されている。

隠居所・浴恩園

楽翁と称した定信が隠居生活を送った築地の白河藩下屋敷は、築地市場が置かれていた場所にあたる。別荘としての顔を持つ下屋敷には庭園が造成されることが多かったが、ご多分に漏れず、築地下屋敷にも寛政五年頃から造園が開始される。ちょうど定信が老中の座を追われた頃だが、翌六年にはほぼ完成した。その名は浴恩園である。

当時、築地は江戸湾に面した海辺の町であった。そのため、浴恩園内に造られた二つの大きな池には、水門を通して江戸湾から海水を引き込むことができた。池には淡水魚のみならず海水魚も泳いでいただろう。

浴恩園は潮入りの庭園として知られるようになるが、当時は将軍の庭だった浜御庭も同じだ。現在の浜離宮恩賜庭園のことである。

浴恩園は六義園と同じく池泉回遊式庭園であり、庭内には五十一か所の景勝地が設けられた。二つの池の中間にある池には将軍家斉から拝領した蓮が植えられ、これが園名の由来となる。蓮の拝領という君恩に浴したことにちなみ、浴恩園と名付けられたのだ。

定信が生活していたのは、浴恩園内の建坪二百坪ほどの千秋館と呼ばれた建物である。千秋館で執筆活動に勤しむ傍ら、園内を歩いて景観を眺めて回るのが何よりの楽しみだった。

江戸藩邸だけでなく、白河城三の丸内にも「三郭四園」と称された庭園を造っている。老中退任後は参勤交代の生活に戻った定信だが、寛政六年から十年にかけて白河に帰国するたびに南園、西園、東園と造園した結果、計一万四千坪余の庭園が生まれる。南園の中心に置かれた太清沼には、浴恩園と同じく家斉から拝領した蓮が植えられた。

三郭四園では、詩歌会、茶会、あるいは舞楽の演奏会が催された。その際には定信みずから万歳楽を演奏し、家臣たちとの交流に努めた。武術の稽古を催すこともあった。さらには、九十歳以上の領民を招いて尚歯会も開かれている。尚歯会とは高齢者を祝う会のことである。

現在、白河城の南方には国指定史跡の南湖公園が広がっている。享和元年（一八〇一）に、大沼と呼ばれた湿地帯に堤を作って水を貯めた「南湖」が元になった公園だ。「士民共楽」の理念のもと、身分の差を超えて訪れることが可能な場所を作りたいという定信の意思が反映された庭園だった。

定信は庭園の造成にたいへん力を入れたが、加賀藩主前田斉泰《なりやす》から国元に造った庭園の命名を依頼されたこともあった。その依頼に応え、宏大・幽邃《ゆうすい》・人力・蒼古・水泉・眺望の六勝を兼ね備えた庭園という意味を込めた「兼六園」という名を贈る。あまり知られていないかもしれないが、定信は日本三名園のひとつ、兼六園の名付け親でもあったのだ。

身分を超えて集う文化サロン

浴恩園で余生を過ごす定信のもとには、同じく文化人の顔を持つ大名が頻繁に訪れたが、最も信頼が厚かったのは老中時代に若年寄に抜擢した近江国堅田藩主の堀田正敦《まさあつ》だろう。正敦も和歌に秀でており、「水月」を雅号とした。歌集に『水月詠藻』などがあるが、定信は長文の序文を寄せている。一方、正敦は定信の随筆『花月草紙』に序文を寄せるという関係だった。

堀田正敦のほか、次章の主役である肥前平戸藩主松浦静山たちも足繁く訪れたが、大名だけではなかった。大学頭の林述斎、同じく儒学者の成島司直《もとなお》、国学者の屋代弘賢、谷文晁ら絵師、北村季文ら歌人も常連だった。浴恩園は定信主宰の文化サロンとして、身分の差を超えて文化人が集う場となっていた。

浴恩園に集ったメンバーを中心に、詩歌会も催された。『詠源氏物語和歌』というタイトルの歌集は、文化十一年（一八一四）に正敦が主宰した歌会で詠まれた歌をまとめたものだが、この歌会には定信、静山、述斎、国学者の塙保己一ら五十六名が参加していた。

翌十二年（一八一五）には、浴恩園の五十一か所の景勝を詠んだ『浴恩園和歌』が編まれた。名勝ごとに儒学者の頼春水や戯作者の大田南畝たちが詩を添え、正敦が跋文を担当した。南畝も浴恩園に集ったメンバーだったことがわかる。

定信に藩政への助言を求める大名も浴恩園を訪れている。定信は老中として寛政改革を主導する前、白河藩主としての治政が評判を呼び、名君として喧伝された。この頃には、その治績が大名たちの間で伝説化していたのだろう。

水野忠邦との出会い

文化十一年二月二十七日には、後に天保改革を断行する肥前唐津藩主の水野忠邦が訪ねてくる。寛政六年生まれの忠邦は定信が隠居した前々年の文化九年に家督を相続し、藩主の座に就いた。十一年三月十五日には江戸を出立して最初の御国入りをする運びになっていたが、それに先立ち定信のもとを訪ねたのである。

忠邦二十一歳、定信五十七歳。親子ほどの年の差があった。

老中になって幕府の政治を動かすことを夢見ていた忠邦としては、同じ譜代大名から幕府トップの座に就いた定信が憧れの存在であったことは間違いない。この日、その謦咳に接することで、幕政を担当したい気持ちはますます高まったはずだ。

翌十二年、忠邦は幕府の要職に就くための登竜門とされた奏者番に就任する。十四年（一八一七）には遠江国浜松に転封となり、幕閣の一員である寺社奉行に抜擢された。その後、大坂城代、京都所司代、西の丸老中を経て、念願の本丸老中に就任したのは天保五年（一八三四）のことである。それから七年後の同十二年（一八四一）、享保改革、定信の寛政改革をモデルに天保改革を断行する。

厳しい改革の一方で積極的に文化を振興

なお、定信は大名たちと交友関係を取り結ぶ際には、自分が老中在職中のことは話題に出さない、在職者は自分の職務について語らないよう求めた。幕閣から追放された定信としては、在職中のことに触れられるのは古傷を持ち出されるようなものだった。自分の職務について触れるのを禁じたのは、守秘義務を守るようにという考えからだろう。

隠居生活に入ってから十一年後にあたる文政六年（一八二三）三月、白河藩主松平定永は伊勢桑名にお国替えとなる。桑名藩主松平忠堯《ただたか》が武蔵忍《おし》、忍藩主阿部正権《まさのり》が白河に転封という三方領知替だった。

この六年後にあたる十二年三月二十一日、江戸は大火に見舞われて多数の犠牲者を出すが、桑名藩松平家の江戸藩邸も甚大な被害を受ける。八丁堀上屋敷のほか、中屋敷、下屋敷も類焼し、定信が丹精込めて造園した浴恩園も灰燼に帰す。

定信・定永父子と桑名藩士たちは、本家筋にあたる伊予松山藩松平家の三田中屋敷に仮住まいを余儀なくされる。年の初めから風邪を引くなど体調が思わしくなかった定信は、五月十三日に七十二歳でこの世を去ってしまう。火事で浴恩園を失ったショックは大きかったはずだ（高澤憲治『松平定信』吉川弘文館）。

前半生は政治家として歴史教科書に名を残すほどの治績を挙げた定信だったが、後半生は幕政に復帰することもなく、白河藩主のまま隠居の時を迎えた。しかし、老中退任後に文化人や学者たちを動員して推進した文化事業は、絵画を中心に江戸の文化を象徴する作品を数多く生み出していった。

寛政改革を遂行している間は、政治風刺に走った作品、遊郭を題材とする作品を発表した文化人や学者に容赦なかった定信だが、もともと文化には造詣の深い人物であった。幕政から離れると、一転そのパトロンのような役回りを演じており、定信の「定年後」が江戸の文化面に果たした役割は大きかったのである。

松平定信略年表

年号（西暦）	年齢	事項
宝暦8年（1758）	1歳	12/27、初代田安徳川家当主宗武の七男として江戸の田安家屋敷で生まれる。
安永3年（1774）	17歳	3/15、白河藩主松平定邦の養子となる。
天明3年（1783）	26歳	10/16、養父定邦の隠居を受け、藩主となる。
7年（1787）	30歳	5/20、江戸で打ちこわしが起きる。
		6/19、老中首座となる。
8年（1788）	31歳	3/4、将軍補佐役を兼務する。

寛政2年（1790）	33歳	3／22、正月晦日の京都大災による御所焼失のため、御所の造営総督を命じられる。 5／22、入京。 5月、出版統制令発令。
3年（1791）	34歳	3月、戯作者山東京伝を処罰。
4年（1792）	35歳	5月、兵学者林子平を処罰。 9／5、ロシア使節ラクスマン根室来航。
5年（1793）	36歳	3／18、相模・伊豆の海浜を巡見。谷文晁が随行し、『公余探勝図』を描く。 7／23、老中退任。
12年（1800）	43歳	『集古十種』を刊行する。
享和3年（1803）	46歳	鍬形蕙斎に『東都繁昌図巻』を製作させる。
文化3年（1806）	49歳	蕙斎に『近世職人尽絵詞』を製作させる。
9年（1812）	55歳	4／6、隠居を許され、嫡男定永が藩主となる。『花月日記』の執筆を開始。
13年（1816）	59歳	亜欧堂田善に『新訂万国全図』を製作させる。
文政6年（1823）	66歳	3／24、伊勢桑名に転封
文政12年（1829）	72歳	3／21、大火で浴恩園類焼。 5／13、仮寓先の伊予松山藩三田中屋敷で死去。

第 5 章

肥前平戸藩主松浦静山
――『甲子夜話』執筆に捧げた余生

松浦静山（右端、「三勇像」松浦史料博物館蔵）

1　実らなかった猟官運動

名門松浦家

勝負事でよく引用されるフレーズに、「勝ちに不思議の勝ちあり　負けに不思議の負けなし」の一節がある。本章の主役、肥前平戸藩主松浦静山《まつらせいざん》が剣術書の『剣談』で語った名言だが、静山には江戸時代の代表的な随筆集と評価される『甲子夜話《かっしやわ》』という著作もあった。『甲子夜話』は大名・旗本の逸話、市井の風俗に関する見聞の筆録集で、正続各百巻、後篇七十八巻という大部なものだった。

書名は「甲子」の日にあたる文政四年（一八二一）の十一月十七日の夜に起稿したことに由来するが、お殿様の随筆としては前章の主役松平定信の『花月草紙』と双璧をなすと言ってよいだろう。

静山はこの時隠居の身で、そもそも静山とは隠居後の号であった。藩主時代は松浦清という名だった。まずは名家として知られた平戸藩松浦家の歴史をひもといてみよう。

平安時代より、肥前の松浦地方を中心に九州北西部で割拠していた武士の集団があった。松浦党である。松浦党は壇ノ浦の戦いや元寇でも水軍として勇戦するが、その同族集団のなかから肥前平戸を本拠とする平戸松浦家が勃興して松浦党を率いることになる。

戦国時代には同家の松浦隆信が勢力を伸ばすが、豊臣秀吉が九州平定のため出陣してくると、秀吉のもとに馳せ参じて所領を安堵される。息子の鎮信（法印）は関ヶ原合戦で家康方に属し、ここに平戸藩松浦家が誕生した。その所領は肥前松浦郡の大半と彼杵《そのぎ》郡の一部、壱岐国一円を合わせて六万石ほどだが、実際は十万石あったともいわれる。

宝暦十年（一七六〇）一月二十日、静山は八代目藩主松浦誠信《さねのぶ》の世子政信の長男として浅草鳥越の同藩上屋敷で生まれた。明和八年（一七七一）八月に父が藩主の座を継ぐことなく病没すると、祖父誠信の継嗣に立てられる。安永四年（一七七五）二月、誠信の隠居を受けて九代目藩主の座に就いた。

静山は後に親類関係となる松平定信と同じく、武芸のみならず学問や文芸にも造詣が深かった。儒学者や国学者と親しく交流し、和歌、連歌も学んだ。有職故実に通じ、能や蹴鞠も嗜んだ。隠居後は、定信主宰の文化サロン浴恩園の主要メンバーとなる。

教養あふれるお殿様であったが、その関心は高尚な分野にとどまらなかった。庶民文化のシンボルである戯作を愛読し、川柳や三味線も嗜むなど「俗」な世界にも通じた粋人だった。

幕府の役職を熱望する

そんな多趣味な性分は隠居後に花開くが、藩主時代の静山は立身出世することに非常に執着した。『甲子夜話』でも語っているが、「青雲の志」を抱いていた。青雲の志とは、立身出世して高位・高官の地位に至ろうとする功名心のことである。

この時代、幕府の役職に就けるのは原則として譜代大名に限られた。譜代大名とは、父祖の代から家康に仕え、徳川家を天下人つまり将軍の座に押し上げた家臣のうち大名に取り立てられた者や、江戸開府後に幕臣に取り立てられ、加増の結果、大名に取り立てられた者を指す。

一方、外様大名とは、家康が豊臣家に代わって天下人の座に就いたことで服属した大名のことである。秀吉の時代は家康と同列の大名だったが、家康が天下分け目の関ヶ原合戦に勝利したことで、やむなく臣下の礼を取る。松浦家はこれにあてはまるため、幕府の役職に就くのは叶わぬ夢のはずであった。

しかし、外様大名であっても役職に就く事例がないわけではなかった。五代目藩主の棟《たかし》が奥詰そして寺社奉行に就任したのはその一例だが、四代目藩主の鎮信（天祥）も奥詰に任命されている。

奥詰とは五代将軍綱吉の時だけ設置された役職で、譜代・外様大名のなかから任命された。隔日に登城し、将軍の諮問に応じるのが役目である。人事権を持つ将軍の覚えが目出度く、能力も抜群だったことから、外様大名であっても奥詰や寺社奉行に抜擢されたのだろう。

こうした先例に期待した静山は猟官運動を開始するが、それには江戸に長く滞在した方が有利であった。その分、幕閣の実力者に自分の存在をアピールでき、人事に関する様々な情報も収集できる。だが、松浦家は他の大名に比べると江戸在府期間がかなり短かった。

在府期間の延長を幕府に嘆願

平戸藩は福岡藩黒田家や佐賀藩鍋島家と同じく、長崎警備の役務を幕府から課されたため、十一月に参勤してきても翌年二月には慌ただしく帰国しなければならなかった。三藩とも在府期間は約四か月に過ぎない。同じく長崎警備の役務を課された肥前唐津藩と島原藩も毎年六月に参勤し、翌年二月には帰国するサイクルだった。両藩の場合、在府期間は約九か月となる。

幕府から課された役務を国元で果たすため、江戸在府期間の短縮という形で参勤交代の義務を緩和された大名は他にも挙げられる。その分、在国の期間を長くしたわけだが、幕府から蝦夷地の警備を託された松前藩松前家は三年に一度。朝鮮との外交・通商事務を委託された対馬藩宗家は五〜六年に一度の江戸参勤だった。

よって、奥詰、寺社奉行の役職に就いた四・五代目の時代は一年間の在府が許されたことを前例として、静山は在府期間の延長を幕府に嘆願する。寛政四年（一七九二）頃に願いはようやく認められ、他の大名と同じく一年間の在府となった。

江戸在府中、役職に就いていない大名にも毎月三回ほど登城する義務があった。「月次御礼」と称して将軍に拝謁することに加え、五節句など城内で執り行われる儀式に参列しなければならなかったからだ。拝謁や儀式が終わると役職に就いていない諸大名は下城したが、静山はできるだけ城内にとどまる。城内にいた幕府の要職者に自分の存在をアピールするための涙ぐましい努力であった。

将軍が歴代将軍の墓所が置かれた寛永寺や増上寺に参詣する際には、在府中の大名も御供する形で参詣することが義務付けられていた。これを「諸大名御跡参《おあとまいり》」と呼んだが、静山は将軍の参詣に同行した老中や若年寄に対し、自分の姿をことさらに見せつけたという。これにしても、自分の存在をアピールするための作戦だった。

巨額の工作資金

江戸在府期間を延長することで自分の存在をアピールする機会を増やそうと目論んだ静山だが、青雲の志を果たすにはそれだけでは無理であった。いつの世も、工作費がモノを言う。

藩主の座に就いた頃、幕府を牛耳っていたのは老中田沼意次である。田沼というと、賄賂政治のイメージが今なお強い政治家だが、若き静山は猟官運動の一環として田沼の屋敷に足繁く通った。もちろん、手ぶらではない。

幕府にも献金した。例えば、寛政十年（一七九八）には湯島聖堂の再建費の助成として二万両もの献金を申し出る。財政難に苦しむ幕府としては大歓迎の申し出だが、静山にしてみれば猟官運動の一環であった。献金という名の工作費に他ならない。

できるだけの誠意を幕府に示すことで、役職という見返りを期待したが、平戸藩は別に財政が豊かだったわけではない。むしろ逆であり、同六年（一七九四）には前藩主が倹約政策により遺した予備金に手をつけざるを得ない状況に追い込まれる。藩の重役も入れ替え、冗費節減などの財政改革の断行を余儀なくされた。

幕府と同じく財政難に苦しむ平戸藩にとり、献金二万両とは無理に無理を重ねたものだったことは間違いない。藩内には反発が渦巻いたはずだが、それだけ静山は役職に就きたかったのである。

静山が猟官運動のため投入した工作資金は巨額にのぼったが、いつまでもたっても役職には就けなかった。二万両の献金を申し出た時はもはや不惑の年に近づいており、焦燥は募るばかりだった。

静山の妻は、定信の改革路線を受け継いだ老中松平信明（三河吉田藩主）の妹である。現職の老中が義兄にあたる以上、静山としては期待を捨て切れないわけだが、肝心の信明は素っ気なかった。

結果として、静山は何の役職にも就けないまま隠居の時を迎える。信明の立場からすれば、親類の者を役職に就けると周囲から情実人事と受け取られかねないと思ったのかもしれない。

2　下屋敷での隠居生活

四十七歳で隠居

静山が隠居したのは、文化三年（一八〇六）十一月十八日のことである。幕府が病気を理由とする隠居願を認める場合、当人は登城せず、名代を立てるのが通例だった。名代は大名が勤めたが、静山の場合は同じ外様大名の日向高鍋藩主秋月種徳が名代として登城している。

この日、幕府が認めたのは静山の隠居だけではない。三男の熈《ひろむ》が松浦家の家督を相続して十代目平戸藩主となることも併せて認めた。熈は寛政三年（一七九一）生まれであるから、当年十六歳であった。

静山は四十七歳で隠居に踏み切ったが、この年同じく隠居が認められた大名の年齢をみると四十三歳、四十九歳、五十一歳、五十七歳であった。大名の隠居年齢の統計によれば、江戸前期（一六〇〇～一六九九年）は平均六十・九歳だが、江戸中期（一七〇〇～一七四九年、一七五〇～一七九九年）はそれぞれ五十三・九歳、四十七・四歳。江戸後期（一八〇〇年以降）には四十五・八歳にまで低下するという。平均年齢から言えば、静山が四十七歳で隠居したのは特別に若いものではなかった。

しかし、大名の隠居年齢が低下する一方で、第1章でみたとおり、同じくお殿様と呼ばれた旗本については事情が異なる。高齢になっても役職を退こうとしない傾向もみられたからである。

仕事を生きがいと考えるお殿様と、早いうちに仕事をやめて隠居し第二の人生を送ろうとするお殿様に二極分化していたのだ。もちろん泰平の世になり武功をもって立身する機会は失われ、おのずから出世も狭き門になっていたことも、隠居年齢低下の背景として指摘できるだろう。

猟官運動に疲れ果てる

ただし、働き盛りの年齢で隠居する場合は病気を理由にする必要があった。静山にしても、隠居の理由は病気だった。

『静山公実録』という年譜をみると、病気の記事が多出する。それも、癪《しゃく》と眩暈で平戸に帰国できない、痔と浮腫《むく》みのため長旅は無理であるから江戸にとどまりたいなど、病気を理由に江戸在府を続けたいとする記事が少なくなかった。良医のいる江戸で治療したいとして、予定を繰り上げて江戸に参勤したいと願い出たこともあった。

平戸よりも江戸の方が良医は多く、江戸にいた方が治療にも好都合だったのは間違いないが、江戸在府期間を延ばすことに執着していたことを踏まえると、病気を額面通りに受け取ることはできない。もちろん病気自体は事実だろうが、病気を理由に江戸にとどまって猟官運動を続けたい執念を読み取ることは難しくない。

しかし、いつになっても朗報は届かず、ついに気持ちが折れてしまう時がやって来る。後年、静山は当時の心境について次のように語る。

「若い頃から、四代目藩主の鎮信、五代目藩主の棟のように、将軍のもと幕府の役職に就きたいと念願し続けてきたが、一向にその機会は訪れない。一方、他の大名は役職に就いていく。

そうした話を見聞きするたびに、胸が苦しくなり心が乱れる。この上は隠居してしまった方が良いと思い立ち、隠居願を提出することにした」

隠居することで立身出世の道をみずから閉ざし、楽になりたかったわけだ。

いつまでたっても成果の出ない猟官運動に疲れ果て、心身が衰弱していたことがわかる。実際のところ、静山は癪や痔、浮腫みに苦しんでいたが、その症状の原因そして悪化させたのが効果のない猟官運動だったことは想像するにたやすい。

隠居を決断した静山に対し、友人の大学頭林述斎はそんな自暴自棄のような真似は思いとどまるよう忠告する。義兄の松平信明も、まだ若いとして隠居を思いとどまるよう言ってきた。

国元の白河城に戻っていた松平定信にも、隠居したいと書面で伝えている。静山は定信とも親しかったため、猟官運動について相談していたのだろう。定信も隠居には反対だったが、思い詰めていた静山は聞く耳を持っていなかった。なおも隠居の意思を告げると、定信はその剛情さに気分を害したのか、それほどまで言うのならばそうなさるが良いと返してきた。

静山は周囲の引き留めも振り切って隠居に向けて突っ走った。だが、一時の感情で青雲の志を捨ててしまったことは、後々まで後悔の種となるのである。

本所下屋敷への移転

十一月十八日に隠居が許可された静山は、その日の夕方に静山という隠居号を幕府に申請している。翌日には許可されるが、この号は親友の述斎から贈られたものだった。名実ともに、松浦静山が誕生する。

静山は隠居に伴い、今まで住んでいた上屋敷を藩主の熈に譲り、下屋敷に移り住む。平戸藩の下屋敷は隅田川東岸の本所にあった。上屋敷が隅田川西岸の浅草鳥越であるから、隅田川を挟んで向かい合っていた格好だ。

隠居願を提出する前は、友人や親類の反対など耳にまったく入らなかった。頭に血がのぼった状態で隠居に固執した静山だが、隠居が認められて一時の激情から冷めると、早まったという後悔の念が噴き出してくる。

しかし、後戻りはできなかった。日ならずして下屋敷に移る日がやって来るが、その行列は非常に物々しいものであった。

総勢五十余名、松浦家伝来の武具や馬具を持つ者も加わっており、あたかも出陣のごとき出で立ちだった。静山自身は将軍から拝領した葵の紋入りの袷に小袴を付け、腰には黒太刀を帯びていた。

これから隠居生活に入るという姿ではない。一朝事あれば将軍のもとに駆け付けようという気概を滲ませていた。自分はまだ隠居の身ではないのだという強い思いがみて取れる。

以後、三十六年にわたって隠居生活を送ることになる本所下屋敷（現墨田区東駒形二〜三丁目）は四千九百坪の規模であった。これは幕府から拝領した土地だが、平戸藩では近くの農地七千五百坪を買い取って併合したため、規模は一万坪をゆうに超えた。ちなみに、浅草鳥越上屋敷（現台東区浅草橋）は一万四千五百八十二坪である。

江戸開府時、本所は湿地帯で開発も進んでいなかったが、明暦三年（一六五七）に起きた明暦の大火を機に開発に拍車がかかる。江戸城を火災から守るための都市改造に着手した幕府は、火除地を設定しようと武家屋敷や町屋敷、寺社地を城から遠い場所に大々的に移転させる。火除地とは火災の延焼を防止するための空き地のことだが、武家屋敷などの移転場所として選ばれたのが隅田川東岸の深川であり本所であった。

こうして、未開地の本所や深川の開発つまり宅地化が進む。水路の開削を通じて排水を進め、併せて橋梁を設けることで街区が確定された。その後、大名屋敷や旗本・御家人の屋敷が次々と移転する。

平戸藩の本所下屋敷もそのひとつだった。そして、宅地化されていない農地も囲い込むことで、一万坪もの規模に拡大させたのである。

隠居後の生活費

一万坪を超える規模の本所下屋敷には、静山とその妻子、身のまわりの世話をする奥女中、家臣、奉公人が住んでいた。上屋敷と同じく、御殿には静山とその妻子、奥女中が住み、静山を守るように家臣や奉公人が住む長屋が置かれた。家臣の数はわからないが、奥女中の数は二十人ぐらいだったようだ。

静山には一年間の生活費として、藩から一万石と金三百六十両が支給された。平戸藩の表高は六万石。実際は十万石というが、それは米の生産高であって、そのまま収入となるわけではない。五公五民つまり年貢率が五〇％とすれば、実際に懐に入るのはその半分だ。そこから一万石が静山の生活費として割かれたのであり、藩の歳出に占める割合はかなり高かった。

そうした事情は他藩にもあてはまるはずである。自由に使える潤沢な資金があったからこそ、徳川光圀や松平定信は文化事業を大規模に展開できた。柳沢信鴻に至っては、芝居三昧の生活に加え、屋敷内に芝居の舞台まで作って自主興行もできた。

静山は子だくさんだった。藩主時代に十四人の子供を儲けたが、隠居後も七人の女性との間に計二十人（男十一人、女九人）の子供を儲ける。

生母たちは互いに、自分が産んだ子よりも他の女性が産んだ子を大切にしたという。生母たちの間で摩擦が起きないようにするため、静山がそう命じたのだろう。静山も分け隔てなく接したが、これにしても無用の摩擦を防ぐために取られた方針だった。

バラエティーに富む下屋敷の住人たち

屋敷内に住んでいたのは家臣たる藩士だけではなかった。刀研ぎの職人や弓職人も住んでいた。刀の焼き入れを趣味とした静山は屋敷内に小さな作業場を設けており、平戸から連れてきた刀研ぎの職人を働かせたのである。

変わったところでは、屋敷内に建てられた天祥庵を住処とする僧侶がいた。毎日朝と夕の二回、天祥庵に参拝することが静山の日課となっていた。

平戸藩お抱えの相撲取りも住んでいる。四代目藩主松浦鎮信の時代、本所下屋敷には多くの力士が住んでいたが、奥詰に抜擢された鎮信を尊崇する静山も同じく力士を愛好し、「緋《ひ》縅《おどし》」という力士の弟子を屋敷内に住まわせる。この力士の四股名《しこ》は「錦」といい、有望力士だった錦は江戸でも評判の相撲取りに成長し、師匠「緋縅」の名を継ぐまでになる。他に、この屋敷の近くには相撲年寄の玉垣額之助も住んでおり、よく屋敷に出入りしていた。

隠居生活を送った下屋敷には、上屋敷に比べるとバラエティーに富んだ人々が住んでいた。藩主時代には彼ら庶民階級の者たちと自由に話すことなどできなかったが、隠居の身となれば話は別だった。

静山の視野は広がる。得られる情報も格段に増えたが、それを記録するまでには至らなかった。定信や信鴻のように日記を書くこともなかったが、ある親友の助言をきっかけに筆録を開始する。『甲子夜話』執筆のはじまりであった。

3 『甲子夜話』執筆に込めた思い

執筆の動機

本所下屋敷での隠居生活は三十六年にも及んだ。八十年余の生涯の半分近くを占めたが、生涯を通じての最も親しい友人といえば静山の名付け親でもあった旗本の林述斎だろう。二人は幼馴染みで、その親交の深さを伝える話は『甲子夜話』に数多く載せられているが、実は述斎は大名の家に生まれた人物だった。

明和五年（一七六八）、述斎は譜代大名の美濃岩村藩主松平乗蘊《のりもり》の三男として生まれた。

静山より八歳年下だが、寛政五年（一七九三）に大学頭を世襲した林家の養子に入り、幕府の文教政策を担う立場となる。寛政改革を推進した定信と親しく、その隠居後も浴恩園に集ったメンバーという点では、静山とまったく同じである。

述斎は大学頭であるから教養豊かなお殿様の象徴のような存在だった。それゆえ、同じく学問や文芸に造詣が深い静山とは気も合ったのだろう。静山が隠居を決意した時は、そんな自暴自棄のような真似は思いとどまるよう忠告したことは先に述べた。

静山の苦悩をよくわかっていた年下の親友は、文政四年十一月十七日に本所下屋敷の静山のもとを訪ねてくる。静山は刀研ぎの職人をして、隠居後にはじめた趣味である刀剣の焼き入れをさせている最中だった。

この日、述斎は静山に対して次のように提案したという。

若い頃から学識を積んできたのであるから、その知識を活かしてはどうか。過去・現在を問わず、後世に伝えたい事柄を記録するのはどうだろうか。

静山が隠居してから十年以上の歳月が経過していた。歳も還暦を越え、不遇のまま生涯を終えるのはそう遠くないことであった。

述斎としては、そんな静山の姿を見るのは忍びなかった。刀剣の焼き入れにしても、不遇な人生に対する苛立ちを宥めるためのものとみていた。そういうことに時間を割くよりも、若い頃から積み重ねてきた学識を活かすことに残された時間を使ってほしい。そういう気持ちから、後世に伝えたい事柄を記録するよう勧めたのだろう。

静山も幼馴染みの勧めを素直に受けとめ、早速、その日の夕方から筆を起こす。ちょうど十一月十七日で「甲子」の日にあたるため、この筆録集のタイトルは『甲子夜話』となった。

新たな生きがい

この日、静山は新たな生きがいを見つけた。自分が見聞きし、後世に伝えたい事柄を書きとめる。この世を去る天保十二年までの二十年にわたって書き続けたことで、正続各百巻、後篇七十八巻という大部なものになった。

『甲子夜話』に収録された内容は実にバラエティーに富む。大まかに言うと、大名・旗本の逸話、市井の風俗に関する見聞だが、「本所七不思議」などの怪談話も数多く収録されている。義賊として喧伝された鼠小僧次郎吉の話も収められたが、偶然にも捕縛された鼠小僧が処刑場に向かうため市中を引き回されていたところに遭遇している。天保三年（一八三二）八月のことだった。

静山は筆録に際し、下屋敷に住み込みで働く奥女中や出入りの者たちからも情報を得ている。奥女中たちが市中で見聞きした話を又聞きしたのであり、諸々の怪談話はこれにあてはまる。

同八年（一八三七）二月十九日、大坂で元町奉行所与力の大塩平八郎が幕府の米価政策を糾弾するため挙兵した。一日もたたないうちに鎮圧されるが、幕府に与えた衝撃は大きかった。大塩事件関連の記述も『甲子夜話』に収録され、その記述は詳細を極める。一連の情報は出入りの相撲年寄玉垣額之助や平戸藩お抱え力士から得たものだったが、大坂出身の玉垣のもとには大坂発の情報が入りやすかった。事件関係者が刑場に引き立てられる様子もお抱え力士が目撃していた。

この『甲子夜話』により、静山はその著者として後世に名を残す。林述斎は静山という隠居号だけでなく、『甲子夜話』の産みの親にもなったのである。

消えない役職就任の夢

隠居後、鬱々とした日々を重ねてきた静山だが、隠居後十年以上を経過して、ようやく自分が打ち込めるものを見出した。不遇な人生に対する苛立ちを宥めようと筆録に精を出す。しかし、その鬱屈は結局のところ消えることはなかった。

隠居により、幕府の役職に就きたいという青雲の志は捨てたはずの静山だったが、実際はそうではなかったからである。『甲子夜話』では自分は隠居の身であると繰り返し述べ、人事にはつゆほどの関心もないかのような素振りをみせたが、心の奥底では役職を拝命することを夢見ていた。

その証拠に、隠居して本所下屋敷に移った後も、毎月一日と十五日になると、わざわざ上屋敷に出向いている。毎月一日と十五日と二十八日（必ず月三回というわけではない）は「月次御礼」の日に定められており、江戸在府中の大名は総登城して将軍に拝謁することが義務付けられた。総登城の日とされたため、静山も藩主時代は欠かさず登城した。拝謁終了後もできるだけ城内にとどまり、自分の存在をアピールした。

隠居となれば登城できなくなる。藩主の煕が登城することになるが、この月次御礼の日に、静山は行列を組んで下屋敷を出立し、藩主時代を過ごした上屋敷に赴くことをみずからに課していた。

そして将軍への拝謁時刻の午前十時になると、江戸城の方角に向けて遥拝した。自分が隠居の身でなければ、登城して将軍に拝礼していたはずの時刻だった。

それは雨の日も雪の日も変わらなかった。上屋敷での拝礼を終えると、再び隅田川を渡り本所に戻っていった。隠居したものの、心は現役の藩主のまま。将軍からの御声がかりで役職を拝命することを夢想した。

隠居を後悔し、依然として青雲の志を抱いていたことは明らかである。未練があったのだ。

よって、人事の話が耳に入ると心穏やかではいられない。とりわけ、自分と同じく役職には縁遠いはずの外様大名が役職に抜擢された話を聞くと、居ても立ってもいられなくなる。

密かに後輩の出世を妬む

主に十万石以下の外様の小大名が登城する時は、「柳之間」が城内での控席（殿席《でんせき》という）

として割り当てられた。柳之間詰の大名は七十人ほどだったが、松浦家は名家でもあり、そのリーダーのような立場にあった。新しく藩主となった大名が登城した時は、同席大名の先輩として後輩の大名に城内のしきたりや作法などを教える役回りだった。

そのため、静山も柳之間詰大名のリーダー格として後輩大名の指導にあたったが、自分が隠居した後、彼らが役職に抜擢される事例が出てくる。『甲子夜話』執筆開始後の事例でみると、文政十年（一八二七）九月に摂津三田藩主九鬼隆国が奏者番を拝命している。

奏者番は、大名が将軍に拝謁する際に取次役を勤めるのが主な役目で、譜代大名のうち若手の優秀な者が選任されることになっていた。この奏者番を振り出しに、最終目標である老中への階段を駆け上る。幕閣に入るための登竜門とされた役職である。

よって、静山は若い後輩大名の栄達について、これは自分の指導の賜物であると指摘しないではいられなかった。静山に言わせれば、自分が抜擢されてもおかしくはない。抜擢されるべきであるという思いがそれだけ強かったのだろう。

とても、素直に喜ぶような気持にはなれなかったが、さすがに見苦しいと思ったのか、今回の抜擢人事は将軍の命なのである。怨んではいけない、羨んではいけないと自分を慰めている。静山は六十八歳、天明元年（一七八一）生まれの隆国は四十七歳だった。

天保六年（一八三五）十月には、河内狭山藩主北条氏喬が大番頭に抜擢される。大番頭（定員十二名）は本来旗本が任命される役職だが、将軍直属部隊のトップであったことから格式は非常に高かった。小禄の大名が任命されることもあったため、柳之間詰大名たちの間では、奏者番とともに垂涎の的の役職だった。静山も密かに望んでいたかもしれない。

またしても後輩の大名が抜擢されたことに、静山の鬱屈した気持ちは爆発する。これも自分の指導の賜物なのだが、それだけではない。幕府の実力者に運動して取り入った結果なのだと決めつけている。この時、静山は七十六歳、天明五年（一七八五）生まれの氏喬は五十一歳であった。

将軍家斉の寵臣中野碩翁への期待

隠居しても、『甲子夜話』の執筆に精を出しても、役職に就きたい気持ちが静山の心の中で消えることはなかった。悶々とする日々が続いたが、北条氏喬が大番頭に抜擢された同じ天保六年に、静山は中野碩翁《せきおう》の屋敷を訪ねている。八月十九日のことという。

中野碩翁は隠居後の名である。前名は中野清茂という。小姓頭取、小納戸頭取と将軍の側近を長く勤めた旗本だが、養女お美代の方が時の十一代将軍徳川家斉の寵愛を受けたことが、その絶大な信任を得るきっかけとなる。天保元年（一八三〇）に隠居するが、隠居後も新番頭格式として奥詰を続けることが許された。登城して家斉の話し相手を勤めるよう命じられたのであり、信任は引き続き厚かった。

家斉の信任を背景に幕府の政治や人事に強い影響力を行使した碩翁のもとには、猟官運動や官位の昇進に血道を上げる大名や旗本からの金品がとめどもなく流れ込んだ。隠居後は隅田川東岸の向島の屋敷で豪勢な隠居生活を送ったが、その元手となったのが賄賂として贈られた金品だった。その贅沢な生活ぶりは世間から注目され、家斉の父である一橋治済（穆《ぼく》翁《おう》）、次章の主役たる薩摩前藩主島津重豪（栄翁）とともに「三翁」と称された。

明和二年（一七六五）生まれであるから静山の方が五歳年上だが、当初は快く思っていなかった碩翁に近づいたのは、役職に就きたい思いからだろう。静山が住む本所と碩翁が住む向島は同じ隅田川東岸で、距離もそう遠くない。三キロもないだろう。碩翁との仲を取り持ったのは静山のもとに出入りしていた植木屋平作という者である。平作は碩翁のお気に入りであった。

やがて静山は碩翁と親しくなるが、政界の闇将軍のような人物との付き合いを深めたことで周囲からは不審の念を持たれる。松浦家の分家である旗本で、かつて碩翁と同僚だった松浦忠右衛門なども、静山とは肌あいの合わない人物であるのに、なぜかくも懇意なのかと不審がった。そんな話も静山は『甲子夜話』に書き留めている。自分が批判されていることはよくわかっていた静山だが、碩翁の政治力に期待するところは大きかった。

同九年（一八三八）三月、江戸城の西の丸御殿が焼失した。すぐさま幕府は再建に取り掛かるが、静山はこれに目をつける。修復費として二百両を献上したいと碩翁に相談すると、献上を仲介する労を取ってくれた。四月十一日、碩翁が二百両献上の件を家斉に披露したところ、殊の外満足したという。前年、家斉は将軍の座を家慶に譲り、本丸御殿を出て西の丸御殿に移っていた。

家斉が静山の心遣いに満足した旨を書面で碩翁から伝えられた静山は大いに喜び、江戸城の方角に向かって遥拝している。屋敷で祝宴を開き、快く酔った。

翌十年（一八三九）三月、今度は静山の本所下屋敷が火事に遭うが、碩翁は見舞いの品として、かつて下賜された家斉着用の小袖と現将軍家慶着用の帯を贈ってくれた。これを喜んだ静山は、先の二百両献上に喜んだ家斉が碩翁をして贈ってくれたのではと想像をめぐらせている。

碩翁を通じて家斉に自分の存在をアピールできた静山は大いに喜び、次なる恩恵を期待したが、その期待が現実のものとなることはなかった。十二年（一八四一）閏正月に家斉が死去し、やがて碩翁も江戸城の出仕を止められて政治力を一気に失ったからである。

息子の隠居を早めた父の期待

さて、文化三年に静山の跡を継いで平戸藩主となった熙だが、家斉が死去した同じ天保十二年閏正月に五十一歳で隠居する。長男の曜《てらす》が十一代目平戸藩主の座に就くが、文化九年（一八一二）生まれであるから、当年三十歳だった。

静山に続けて熙も隠居したことで、平戸藩は隠居のお殿様が二人となるも、本所下屋敷で親子一緒に生活したのではない。熙は国元で隠居生活を送ったが、そもそも隠居の理由とは何だったのか。

体調が思わしくなく、これでは藩主の勤めを果たせないと判断して隠居を決断したが、体調悪化の理由は静山の過剰な期待にあったようだ。幕府の役職に就くという自分が果たせなかった夢を託されたことが、たいへんな重荷となっていたのである。

熙は幼少の頃から聡明で知られ、文武に優れた人物だった。学問や武術だけでなく、茶の湯、和歌、蹴鞠、香道などを幅広く嗜み、謡などは専門家も一目置くほどの水準に達していたが、いずれも父静山による英才教育の賜物だった。文化五年（一八〇八）には定信の娘を正室に迎えるが、これも熙に箔を付けて立身出世の糸口を摑ませようとした静山の親心に他ならない。

いずれにせよ、静山は熙にたいへん期待していた。熙も父の期待に応えようとするが、家臣たちは主君の立身出世を望んではいなかった。

熙が奏者番に任命され、その優れた能力により寺社奉行などに抜擢されると、松浦家はお国替えになると危惧したのだ。幕府の要職に抜擢されると、西国など遠国に所領を持つ大名は関東や中部地方に転封されるのが習いだった。

松浦家とその家臣たちは先祖の代から平戸で生活しており、今さら住み慣れた土地から離れたくはなかった。主君の出世は喜ばしいが、それと引き替えの形で移住を強いられるのは困るとして、その立身出世を望まなかったのである。

熙は自分の出世を望む静山と、出世を望まない家臣たちとの板挟みになる。思い悩んだ結果、心身をすり減らし、文政十年頃から頭痛に苦しみはじめる。そして、天保四年（一八三三）には大病を患う。それ以来、熙は体調が思わしくない状態が続き、同十二年に藩主の勤めを果たせないとして隠居を決断するに至った。

父と家臣の板挟みの状態から解放された熙は、その後長寿を保つ。幕府の歴史が終わる慶応三年（一八六七）に七十七歳で死去するが、静山がこの世を去ったのは熙の隠居から約五か月後の六月二十九日のことである。享年八十二だった。

静山は幕府の役職に名を連ねることができず、その夢を託した息子も同じ道を辿った。しかし、青雲の志を果たせなかったことで生まれた『甲子夜話』は、はからずも松浦静山の名をその著者として不朽のものとしたのである（氏家幹人『殿様と鼠小僧　老侯・松浦静山の世界』中公新書）。

松浦静山略年表

年号（西暦）	年齢	事項
宝暦10年（1760）	1歳	1/20、8代目平戸藩主松浦誠信の世子政信の長男として浅草鳥越下屋敷で生まれる。
安永4年（1775）	16歳	2/16、祖父誠信の隠居を受けて、9代目藩主となる。
寛政10年（1798）	39歳	湯島聖堂再建費として2万両を献金。
文化3年（1806）	47歳	11/18、隠居を許され、三男の熙が10代目藩主となる。
文政4年（1821）	62歳	11/17、『甲子夜話』の執筆を開始する。
天保6年（1835）	76歳	8/19、中野碩翁の隠宅を訪ねる。
10年（1839）	80歳	3月、本所下屋敷が類焼する。
12年（1841）	82歳	閏正月、熙が隠居を許され、長男曜が11代目藩主となる。 6/29、本所下屋敷で死去。

第 6 章

薩摩藩主島津重豪
——蘭癖大名による文明開化

島津重豪（鹿児島県歴史・美術センター黎明館所蔵　玉里島津家資料）

1　薩摩藩の開化政策

幕府との微妙な関係

三百諸侯と称された江戸時代の諸大名のうち、徳川家に最後に服属したのは薩摩藩島津家であった。徳川家つまり家康が豊臣家に代わって天下人の座に就いたのは慶長五年（一六〇〇）九月十五日の関ヶ原合戦に勝利したからだが、心ならずも石田三成率いる西軍に属した島津家は家康率いる東軍と激闘を繰り広げる。

東軍が西軍を破った後、島津勢は血路を開いて戦場を脱出し、本国薩摩へと逃げ戻った。戦いに勝利した後、家康は西軍首脳の三成たちを京都の六条河原で斬首に処した。そのほかの西軍諸大名についても、毛利家や上杉家が減封となった以外は軒並み改易となるが、減封も改易もされなかった大名が一人だけいた。島津家である。

戦後、島津家は活発な外交戦を開始する。家康に謝罪するとともに、本領安堵を求めた。さもなくは徹底抗戦するとして、領内の防備を固める。

この件は、結局のところ島津家の粘り勝ちとなる。根負けした形で、家康が島津家の所領を安堵する旨の起請文を書いたからだ。同七年（一六〇二）四月のことである。

島津家に過酷な処分を課した結果、その激しい抵抗に遭って戦乱状態が長く続くよりも、譲歩して島津家当主の上洛そして謝罪を引き出し、島津家が家康に屈服したことを天下に示したい。島津家が屈服すれば、日本のすべての大名が家康に服することになる。

十二月末、島津家当主の忠恒（後の家久）は伏見城に登城して家康に拝謁し、本領安堵の御礼を言上する。島津家は西軍に属して激闘を繰り広げたにも拘らず、薩摩・大隅・日向諸県郡の本領を正式に安堵された。

家康が武家の棟梁たる征夷大将軍に任命されたのは、それから二か月もたたない翌八年（一六〇三）二月十二日のことである。江戸幕府の幕開けだが、ここに薩摩藩島津家も誕生する。

要するに、江戸開府を速やかに実現させるため島津家に折れたのであり、薩摩藩に対する強い警戒心は持ったままだった。そうした事情は薩摩藩も同じである。

多数の武士を抱え、まるで独立国

薩摩藩は武士の多さで言うと、他藩の追随を許さなかった。明治七年（一八七四）の数字だが、その数は家族を含めて二十万人を超えた。当時、日本の総人口は三千三百六十二万人で、五％強にあたる百八十八万人余が武士とその家族だったことから、薩摩藩士は日本の武士の一割強を占めた計算である。薩摩藩領（琉球を除く）の人口比でみると、四人に一人が武士であった。

そのため、藩士をすべて鹿児島城下に住まわせることができず、大半は農村に居住させた。領内を百十三の「外城」という行政区画に分けた上で、いわば屯田兵として藩士を土着させて領民支配と外敵に対する防衛にあたらせた。この方式は「外城制度」と呼ばれるが、外敵に幕府も含まれたことは言うまでもない。万が一の際には、焦土戦術も辞さない覚悟だった。

よって、薩摩藩領に他国者が出入りすることには非常に神経質だった。領内を通る街道や間道に番所を張り巡らせ、人やモノの出入りを監視した。日本の最南端という地理環境も相まって、薩摩藩はあたかも独立国のような様相を呈していたが、そんな薩摩藩の八代目藩主となったのが本章の主役島津重豪《しげひで》なのである。

将軍養女竹姫の輿入れ

江戸開府以来、幕府と薩摩藩の間では緊張関係が続いたが、幕府の基盤が安定して泰平の世に入ると、その関係も次第に和らぐ。両者を取り持つ女性も現れる。五代目藩主島津継豊《つぐとよ》の正室となるため、享保十四年（一七二九）に江戸城から輿入れしてきた竹姫である。この竹姫こそ、重豪に大きな影響を与えることになる女性であった。

五代将軍綱吉の側室に大典侍《おおすけ》の局という女性がいた。公家の大納言清閑寺熙定の妹だが、宝永五年（一七〇八）に兄熙定の娘竹姫を養女として江戸城に迎える。竹姫は綱吉側室の養女であることから、綱吉の養女という位置付けにもなっていた。綱吉の死後も、竹姫は江戸城大奥で暮らすが、八代将軍吉宗の時に吉宗の養女として島津家に輿入れする。

実の娘ではなかったとはいえ、この輿入れは徳川家と島津家がはじめて縁戚関係を取り結んだ画期的な出来事となる。関ヶ原合戦で敵味方になったことで、一世紀以上も両家は縁組みできなかったとも言えるだろう。竹姫は継豊との間に菊姫を儲ける。

将軍の娘が諸大名に輿入れする場合、当然ながら正室としてである。参勤交代制に基づき、大名の正室は江戸在府が義務付けられた。国元に戻ることなく江戸藩邸でずっと暮らすため、将軍の娘の場合は藩邸内に正室の御殿を別に新築することになっていた。

御殿に住むのは将軍の娘だけではない。お付きの奥女中たちも大奥から移ってくるが、輿入れ先の大名家と様々なトラブルを引き起こすのが常であった。御殿での豪勢な生活が当の大名家の財政に大きな負担をもたらすのはもちろん、将軍の娘という権威を笠に着て婚家を見下すことで、家中から反感を買ってしまうのだ。

さらに、自分の屋敷に大奥からやって来た奥女中を住まわせること自体、輿入れ先の大名家にしてみると気苦労が絶えなかった。あたかも幕府の隠密軍団を抱え込むようなものだったからだ。関ヶ原で戦火を交えたこともある島津家に至ってはなおさらである。

延享三年（一七四六）、竹姫の夫継豊は隠居し、側室の産んだ宗信が藩主の座に就く。宗信の病死後は別の側室が産んだ弟重年が藩主となるが、宝暦五年（一七五五）に重年も病死したことで、その子重豪が藩主の座に就く。延享二年（一七四五）生まれであるから、当年十一歳だった。

養育にあたった竹姫は重豪と直接の血のつながりはないが、夫継豊の孫であるからたいへん可愛がったという。藩主の正室だった竹姫は京都生まれで江戸城大奥育ち、そして島津家に輿入れ後は江戸藩邸でずっと暮らしたため、国元の風習とは無縁な生活を送った女性であった。

言い換えると、竹姫は新しい風を薩摩藩に吹き込む役割を果たした。その薫陶を受けた重豪は、家中の風俗や言葉遣いを江戸風あるいは上方風に改めることに熱心となる。それまでの藩の気風（「藩風」）を改めようとしたのだ。いわば「脱薩摩」を目指したのである。

一橋徳川家との重縁

宝暦十二年（一七六二）十二月、重豪は一橋徳川家初代当主宗尹の娘保姫を正室に迎える。一橋徳川家とは吉宗が創設した徳川御三卿のひとつで、将軍後継者を出す家と位置付けられた家だった。竹姫が実際は公家の娘であったことを踏まえると、名実ともに徳川家と島津家の縁組みが成立したと評価できる。

吉宗は長男家重を将軍としたが、その弟宗武と宗尹を分家させる形で十万石の大名に取り立てる。田安徳川家と一橋徳川家だ。九代将軍家重は長男家治を将軍としたが、その弟重好を分家させ、同じく十万石の大名に取り立てる。清水徳川家である。田安・一橋・清水三家、合わせて御三卿となる。

この時の一橋徳川家と島津家の縁組は家重お声がかりのものだったと伝えられるが、この縁組みの話が持ちあがった時、竹姫の夫継豊は家老に対して受諾するよう勧めている。将軍家一門との縁があれば、官位や他の事柄もスムーズに運ぶという見通しがあった。実際、一橋家との縁戚関係を通じて、薩摩藩は幕府から様々な財政援助を受ける。

例えば、保姫が輿入れした宝暦十二年は江戸藩邸が焼失した年でもあった。この時、薩摩藩は竹姫宛という形で復興資金三千両を下賜される。別に二万両を幕府から借用することにも成功した。

ところが、明和六年（一七六九）九月に保姫が竹姫に先立って死去したため、一橋家と島津家の縁戚関係は終わりを告げる。時は十代将軍家治の代に入っていたが、継豊に死別していた竹姫（浄岸院と称する）も安永元年（一七七二）に死去した。

そのいまわの際、竹姫は重豪に対し、側室との間に娘が生まれたならば徳川家に輿入れさせるよう遺言する。徳川家と島津家の縁を取り結んでいた自分の死後、両家の縁が薄れるのを憂いたのだ。

よって、同二年（一七七三）六月に重豪に娘茂姫が生まれると、島津家は竹姫の遺言に基づき、一橋家に縁組みを申し入れる。四年（一七七五）六月、保姫の兄で一橋家当主の治済は承知した旨の返事をしている。

ここに、一橋治済の嫡男豊千代と重豪の娘茂姫の婚姻が内定する運びとなる。豊千代と茂姫は同い年だった。島津家としては一橋家との縁が続くことで幕府からの援助を期待したが、この縁組は想定外の出来事をもたらすのであった。

開化政策の展開

島津家が藩主を勤める薩摩藩は日本の最南端に位置していることも相まって、江戸中期に入っても、その言語や風俗は一時代前の戦国の威風を色濃く残していた。領内への出入りを厳しく監視したことで、閉鎖的な気風も拭えなかった。関ヶ原で徳川勢と激闘し、一時は追討を受ける立場となった歴史が影を落としていたことは否めない。

　そんな徳川家と島津家の緊張関係を緩和する役回りを演じたのが、将軍吉宗の養女として島津家に輿入れした京都生まれで江戸育ちの竹姫なのだが、その薫陶を受けた重豪は薩摩藩の保守的で閉鎖的な気風を打破しようとはかる。言語や風俗を江戸・上方風に改めるよう命じる一方、出入国の管理を緩くし、他国人が入国しやすいように改めた。これには、人の出入りを盛んにして経済を活性化させたい意図も込められていた。

　薩摩藩の学問や文化の水準を引き上げる開化政策にも積極的に取り組む。これもまた藩風を改めることを狙った施策だが、まず安永二年に藩校として鹿児島城下に造士館や演武館を創設する。

　藩校とは、諸藩が優秀な藩士を養成するために設置した学校である。薩摩藩の場合、造士館は藩士の子弟が学問に励む場、演武館は武芸を稽古する場であった。創設当初、造士館は聖堂という名称だったが、天明六年（一七八六）九月に造士館と改称され、薩摩藩の文教センターとなる。この時、武芸の稽古場も演武館と改称された。

　安永三年（一七七四）には医学院を創設する。名称の通り医学教育の場であったが、重豪は関連事業として薬園の整備にも努める。同八年（一七七九）には、天体観測所である明時館を創設した。天文館とも称された。

重豪は造士館や天文館などの文化施設を設立するだけでなく、書籍の編纂や刊行事業にもたいへん熱心だった。中国の語学書『南山俗語考』、世界地図に解説を加えた『円球万国地海全図』、動植物の百科事典『成形図説』など、編纂させた書籍の内容は多岐にわたる。もともと中国やオランダなど海外の文物への関心が強かったことが、そうした事業に力を入れた理由だ。海外の文物も幅広く収集したことは言うまでもない。

幕府の許可を得て、長崎を訪れたこともあった。出島のオランダ商館を訪ね、オランダ船にも乗船している。みずからオランダ語を学ぶほどであり、オランダ好きの大名（蘭癖大名という）としても知られた。オランダ商館付きの医師として来日中のシーボルトが江戸にやって来た時などは、四度にわたり会っている。

幕末の名君のシンボルとなる十一代目藩主島津斉彬《なりあきら》がモデルとした曽祖父重豪の文化事業は、薩摩藩の近代化路線の嚆矢と評価されている。オランダ語まで学ぶ教養豊かなお殿様は幕末の薩摩藩の歩みに大きな影響を及ぼすが、一連の事業が藩財政に重い負担となるのは避けられなかった。

2　隠居に追い込まれる

苦しい藩財政

薩摩藩は三百諸侯のうち、加賀藩前田家に次ぐ七十二万石の大藩だった。外様大名として家格は加賀藩の次で、仙台藩伊達家（六十二万石）と同格である。そのため、官職では島津・伊達家とも近衛中将まで昇進できた。ちなみに、前田家はそれより上の参議まで昇進が可能であった。

しかし、石高の割に薩摩藩の財政は厳しかった。七十二万石と言っても籾高であり、他藩と同じく米高にすると半分の三十六万石程度に過ぎなかった。籾を摺り立て玄米そして白米にすると、分量は半分になってしまう。

さらに、領内は火山灰の土壌に広く覆われており、米作に適した土地は少なかった。火山の噴火や風水害に悩まされることも多く、もともと農業生産はあまり期待できなかった。

実収の少なさとは対照的に膨大な数の武士を抱えてしまったことで、薩摩藩は成立当初から財政難に苦しむ。それゆえ、後述するような密貿易に走らざるを得なかったと言えなくもない。

初代藩主家久の代、薩摩藩は幕府から江戸城の修復に加え、大坂の陣そして島原の乱でも出兵を命じられたため、修復費や出兵費が嵩む。二代目藩主光久、三代目藩主綱貴の代には江戸藩邸が焼失し、その再建費の捻出にも苦しんだ。

重豪の代には借財の額が五百万両にも跳ね上がるが、既に江戸初期から薩摩藩は財政難に見舞われていたのである。明暦三年（一六五七）の大火で、江戸城天守をはじめ江戸城下は焼け野原となり、諸藩の江戸藩邸は軒並み焼失する。鎮火後、諸藩は藩邸の再建に着手したが、薩摩藩だけすぐには再建工事に取り掛かれなかったという。それほどの財政難だった。

財政悪化に歯止めかからず

江戸藩邸だけではない。鹿児島城下も何度となく焼失し、元禄九年（一六九六）の大火では本丸まで焼失する。その再建も薩摩藩には重い財政負担となるが、そこに追い打ちをかけたのが御《お》手《て》伝《つだい》普《ふ》請《しん》である。御手伝普請とは幕府が行う土木工事の助力を諸大名に命じるもので、江戸開府直後に薩摩藩が課された江戸城の普請もそのひとつだった。

宝暦三年（一七五三）、薩摩藩は幕府から木曽川・長良川・揖斐《いび》川の治水工事を命じられるが、この御手伝普請で莫大な出費を強いられる。当初、工事費は十万両強と見積もられたが、いざ取り掛かってみると難工事となり、費用も四十万両を超えた。現場で工事の指揮を執った藩士たちにも犠牲者が続出する。工事終了後の同五年、総責任者平田靭負《ゆきえ》は責任を取って自害したが、この年に重豪は藩主となる。

宝暦治水と称される木曽三川の治水工事の後、水害は激減する。流域の人々は薩摩藩士たちの苦闘を今も讃え続けるが、薩摩藩にとっては財政を悪化させる要因でしかなかった。

宝暦治水後、薩摩藩は御手伝普請の対象からは免れたものの、その後も江戸藩邸の焼失に見舞われる。風水害や桜島の噴火などの天変地異も領内を襲った。復興費が嵩んだ上に、年貢量も不安定となってしまった。

次の安永・天明年代に入ると、重豪は開化政策に莫大な藩費を投入していく。その結果、財政悪化に歯止めがかからなくなるのである。

御台所岳父の座を約束されるが

財政難にも拘らず、重豪が開化政策を積極的に展開していた頃、江戸城で異変が起きる。安永八年二月、十代将軍家治に悲劇が襲った。

鷹狩りに出掛けた世子家基が江戸城に戻る途中で急病を発し、治療のかいなく死去したのだ。家治は四十三歳にして、十一代将軍となるはずの跡継ぎを失ってしまう。

家治は実子を跡継ぎにすることを諦め、養子を迎えることを決めるが、そこで活用されたのが吉宗と家重が創設した徳川御三卿である。幕府内での協議の結果、御三卿のうち一橋家当主治済の嫡男豊千代（後の家斉）が家治の養子、つまり次期将軍に指名されるが、既に豊千代との婚約が内定していた娘こそ重豪の娘茂姫だった。

天明元年（一七八一）閏五月、豊千代こと家斉は将軍後継者が居住する江戸城西の丸御殿に入ったが、婚約者の茂姫も西の丸御殿に入る運びとなる。家斉が将軍に就任して本丸御殿に移ると、茂姫も御台所として本丸の大奥に移るわけだ。

あたかも瓢箪から駒のように、重豪は次期将軍の岳父、次期御台所の父としての地位を獲得した。以後、重豪は幕府で重んじられ、様々な殊遇を手にする。同四年（一七八四）には、江戸城での席次が大広間から大廊下に昇格した。

大広間は島津家のほか、御三家の分家や伊達家などの有力大名が殿中で詰める控席だが、大廊下は御三家のほか将軍の縁につながる大名ならば特別に詰めることが許された席であった。要するに御三家に準じる殊遇を受けたわけだが、この優遇ぶりは大広間席の諸大名の反発を招く。とりわけ、同じ外様の有力大名が反発したはずだ。

宝暦治水以来、薩摩藩が御手伝普請を命じられていないことも、諸大名たちの不満を増幅させた。次期将軍の岳父となったことのメリットが確認できるが、これにしても島津家に対する隠れた殊遇に他ならない。財政悪化に苦しむ薩摩藩としては、一息つくことができた。

隠居を決意

天明六年八月二十五日に家治が死去し、家斉の将軍職就任が時間の問題になると、諸大名の反発はますます高まる。幕府にしても、外様大名が将軍の外戚となるのは好ましいことではなかった。岳父であることを楯に幕政に介入してくるかもしれない。外様大名は幕政から排除するのが幕府の基本原則である以上、薩摩藩の発言権を封じ込めるための処置が必要だった。

十一月、重豪は藩主の座を子の斉宣《なりのぶ》に譲る意思を家中に表明した。幕府の意向や諸大名の反発に配慮した格好である。翌七年（一七八七）正月十八日に隠居願を提出し、二十九日に許可された。

まだ四十三歳という若さだったが、隠居させることで幕府としては重豪の政治力を奪うことを狙った。同時に斉宣への家督相続を認め、九代目薩摩藩主島津斉宣を誕生させる。

家斉が将軍の座に就いたのは、同じ年の四月十五日のことである。その正室茂姫は御台所となるが、その前に隠居させた格好だった。寛政元年（一七八九）二月四日、江戸城で家斉と茂姫の盛大な婚儀が執り行われ、この日、茂姫は晴れて御台所となる。

ただし、茂姫は島津家の娘のままでは御台所になれなかった。御台所は天皇家、宮家そして五摂家の娘に事実上限られたからだ。五摂家とは摂政・関白という朝廷の最高位に任ぜられる家格を持つ公家で、近衛家・鷹司家・九条家・一条家・二条家の五家を指す。公家社会ではトップの家柄だった。

そのため、茂姫は輿入れに先立ち、五摂家筆頭たる近衛経熙《つねひろ》の養女となる。島津家発祥の地たる薩摩国島津荘には近衛家の所領であった歴史があり、その管理人に任命されたのが家人の惟宗忠久だった。

忠久は後に島津に改姓し、島津家初代となる。そんな由緒を踏まえ、旧主とも言うべき近衛家の養女として江戸城大奥に輿入れさせたのである。

引き続き藩政に関与

天明七年、重豪は家斉の将軍職就任に先立って隠居したものの、安永二年生まれの新藩主の斉宣はまだ十四歳だった。そのため、若年を理由に斉宣を後見することになり、引き続き藩政に関与した。

隠居の身ながら藩政を後見する立場となった重豪は、他の隠居大名とは違って江戸で生活し続けたのではない。現役のお殿様と同じく、江戸と国元を参勤交代のように行き来し、国元でも藩政をみている。江戸ではそのまま芝の上屋敷に住み続ける一方で、国元では鹿児島城の二の丸に重豪が住む御殿が造られた。本丸には斉宣が住む御殿があったからだ。

しかし、寛政四年（一七九二）六月には後見の座も正式に退く。斉宣が二十歳に近づこうとしていたからだろう。

八年（一七九六）三月に至って、重豪はいよいよ江戸での隠居生活に入る。住まいも上屋敷から高輪の下屋敷に移した。以後、天保四年に死去するまでの間、高輪下屋敷で自由気ままな余生を送るはずであった。藩主時代から着手していた書籍編纂や文物収集などの文化事業にも力を入れたため、引き続き藩財政悪化の要因となる。

宝暦三年段階で、薩摩藩は六十六万両もの借財を抱えていたが、その後木曽三川の治水工事（宝暦治水）が命じられる。さらに、江戸藩邸の再建や天変地異により荒廃した領内の復興にも多大な出費を余儀なくされたことで、財政悪化に拍車がかかる。文化四年（一八〇七）には借財が百二十六万両にも膨らみ、半世紀の間に借金が倍になってしまった。

もちろん、重豪も手をこまねいていたわけではない。藩主時代には緊縮財政に取り組んだ。みずから範を垂れるため、食事も一汁二菜から一汁一菜に減らし、衣食から灯火まで日用品を細々と節約している。

支出を減らすだけでなく、収入を増やすための方策も採っている。櫨《はぜ》・楮《こうぞ》・漆に加えて、奄美大島・徳之島・喜界島の三島で栽培された砂糖の専売制を強化するが、相次ぐ天変地異などに足を引っ張られ、期待したほど収入は増えなかった。借財は膨らむばかりだった。

近思録党による藩政改革

ここに至り、藩主の斉宣は藩政改革の断行を決意する。

文化四年、藩内で近思録党と呼ばれた樺山主税や秩父太郎を家老に抜擢し、藩政改革にあたらせた。近思録党とは朱子学の入門書『近思録』を愛読した藩士たちのグループだが、日夜集会して政治・経済について討論していた。これに斉宣が注目したのだ。

斉宣の信任を背景に、家老の樺山や秩父は側用人など藩主の側近を自派で固めて藩政改革を進める。その主眼は財政再建であった。諸役所の統廃合と人員の整理を断行したが、廃止した役所の大半は重豪が新設したものだった。要するに、近思録党は重豪の政治路線を否定しようとした。

さらに、財政難を克服するために、十五万両の借用、参勤交代の十五年間の免除、琉球貿易の拡大を幕府に願い出ようとするが、重豪は一連の藩政改革に激怒する。自分の政治路線を否定した上、将軍の岳父としての体面を汚しかねない出願を近思録党が企てたとみなしたのである。

近思録党が藩政改革を断行した頃、重豪は既に還暦を越えていた。隠居生活も二十年を超えたが、近思録党を粛清するため藩政復帰を決意する。

3　藩政への復帰

幕府と組み改革断行を止める

翌五年（一八〇八）四月九日、重豪は国元にいた樺山と秩父の家老職を免じ、隠居そして謹慎させる方針を固める。その旨は国元の斉宣にも伝えられたが、当初斉宣は両人を罷免しない方針であった。自分が現役の藩主である以上、近思録党をして改革を断行させるつもりだったが、五月十二日に至って豹変する。父重豪の意向に従って、樺山と秩父の家老職を免じ、隠居を申し渡した。

斉宣が重豪に屈したのは、幕府が近思録党を粛清しようという重豪の考えを支持していることに気付いたからだ。重豪は幕府に根回しした上で、斉宣に二人の免職や隠居・謹慎を命じた。

幕府は大名に自領の統治を任せる立場を取っていたが、藩内が混乱して御家騒動の事態となれば話は別だった。統治の責任を果たしていないとして改易処分を下すこともみられた。御家取り潰しだが、重豪は近思録党の粛清が御家騒動とみなされて薩摩藩存亡の危機の事態に陥るのを防ぐため、事前に根回ししたわけである。

将軍の岳父たる立場をうまく活用したが、薩摩藩と同じく財政難に苦しむ幕府にしてみると、十五万両を借用したいなどという嘆願は好ましい動きではなかった。よって、重豪による近思録党の粛清は渡りに舟だった。

重豪は幕府の支持をバックに斉宣を屈服させ、近思録党の粛清に踏み切る。樺山・秩父をはじめ十三名に切腹を命じるなど、百人を超える藩士を処罰した。一連の粛清は「近思録くずれ」「秩父くずれ」と呼ばれる。

藩主を交代させる

樺山たちを信任して改革にあたらせた斉宣も無傷ではいられず、藩主の座を追われた。六年（一八〇九）六月十七日に隠居し、子の斉興《なりおき》が十九歳で十代目藩主となった。薩摩藩では隠居のお殿様が二人になったことで、六十五歳の重豪を「大御隠居様」、三十七歳の斉宣を「御隠居様」と呼んでいる。重豪は引き続き高輪下屋敷に住んだが、斉宣は上屋敷を斉興に譲って白金下屋敷に移った。

近思録（秩父）くずれに伴う藩主交代を受け、重豪は孫斉興を後見することを決める。樺山と秩父が罷免された後、家老たちからの懇望を受けて再び藩政を後見するようになっていたが、斉興が藩主の座に就いた二日後の十九日に、幕府から藩政後見を許可される。幕府からのお墨付きも得て藩政の立て直しに邁進するが、その主眼は引き続き財政の再建であった。

将軍の岳父つまり徳川家との縁戚関係を駆使することで、薩摩藩が特別に許可されていた琉球貿易の拡大を勝ち取る。琉球を介して中国渡来の産物（唐物という）を従来よりも幅広く手に入れられるようになる。幕府から交易を許されていないこの唐物まで転売して多大な利益を上げたが、これは琉球貿易を隠れ蓑にした密貿易に他ならなかった。

調所広郷の登用と財政再建

文政三年（一八二〇）八月、七十六歳になっていた重豪は藩政の後見をやめる。翌九月、幕府は重豪の治績を褒賞したが、重豪は引き続き藩政に強い影響力を行使する。藩主斉興は三十歳になっていたが、重豪の「院政」は続く。

将軍の岳父という政治力を背景に、琉球貿易の拡大を通じて多大な利益を上げたものの、依然として藩財政が好転しなかったことが背景にあった。同十二年（一八二九）には、ついに借財が五百万両に達する。

万策尽きた形の重豪だが、救世主が登場する。薩摩藩の財政再建では必ず名前が挙がる調《ず》所広郷《しょひろさと》である。

調所はもともと重豪付きの茶道頭だったが、能力が買われて側近に抜擢される。琉球貿易に携わり、成果を上げた。その手腕を認めた重豪は、文政十一年（一八二八）に調所を財政改革の主任に起用する。

調所は琉球貿易を隠れ蓑にした密貿易を拡大するとともに、砂糖の専売制をさらに強化することで莫大な利益を上げる。奄美三島の農民に対して砂糖黍《さとうきび》を強制的に割り付け、それを原料とする黒糖の増産を厳命したのだ。この二つの収入源により、藩の歳入は急増する。

歳出の削減については、借財五百万両の二百五十年賦という奇策を断行した。それも元金のみで利息は返済しないというものであり、事実上の踏み倒しである。

元金のみの二百五十年賦での返済は、債権者たちの猛反発を買う。幕府に訴え出る事態となったが、調所が事前に根回ししたことで咎められることはなかった。徳川家との縁戚関係を最大限利用した結果だった。薩摩藩にとり、茂姫が将軍の御台所になったことは実に大きかった。

調所が辣腕を発揮することで、ようやく財政再建に光明がみえはじめるが、重豪はそれを見届けることなく、天保四年正月に高輪下屋敷で死去する。八十九歳の大往生であった。

開化政策を継承した曽孫島津斉彬

重豪の死後は藩主斉興が藩政の主導権を握るが、調所に対する信任は重豪と同じく厚かった。引き続き財政改革を任せたことで、薩摩藩の財政は立ち直る。弘化元年（一八四四）には五十万両の備蓄も達成した。

既に家老に昇進していた調所は、財政のみならず藩政全般にも関与する立場となるが、その前に立ち塞がったのが斉興の嫡男斉彬である。幕府からも次期藩主（世継ぎ）として認められていたが、斉興や調所との関係は良くなかった。

斉彬は曽祖父重豪の影響を受け、蘭学（洋学）に傾倒した開明的な人物であった。蘭学者たちを招いて蘭学書の翻訳にあたらせるほか、みずからもオランダ語を学んだ。全文ローマ字の書簡も残されている。重豪の一連の開化政策により斉彬が洋学に親しむ環境は整っていたが、そんな斉彬の嗜好は、藩にとり必ずしも好ましいことではなかった。

重豪の開化政策により薩摩藩の文化水準は大いに上がったものの、その半面、出費が嵩み、薩摩藩の財政は危機に陥る。調所の手腕により財政再建は達成されたが、重豪の影響を受けた世継ぎの斉彬が藩主となると、重豪時代のように再び出費が嵩んで財政危機に陥るかもしれないと危惧する声が、藩首脳の間では強かった。

実際、斉彬は藩主の座に就くと、西欧の科学技術を導入するため開化政策を積極的に展開する。薩摩藩の近代化は著しく進行するが、財政に大きな負担となったことは否めない。

財政再建のため骨身を削ってきた調所たちにとっては、斉彬の藩主就任は歓迎できることではなかった。斉興も同じ考えであり、斉彬が壮年に達しても隠居しようとはしなかった。

斉彬擁立へ、再び幕府（将軍）を動かす

当時、薩摩藩には斉彬以外にも藩主候補者がいた。斉興が寵愛する側室お由羅の方が産んだ異母弟の久光である。そのため、斉彬が藩主の座に就くことを望む藩士たちは、このままの状態が続くと、斉彬が廃嫡されて久光が擁立されるかもしれないと考えはじめる。藩内は斉彬擁立派と久光擁立派に分かれて激しく争うようになった。

一方、幕府内には斉彬が藩主の座に就くことを期待する人物がいた。老中首座の阿部正弘である。阿部は外様の大藩薩摩藩の協力を得ることで、欧米列強に対抗できる挙国一致の政治体制を構築したいと密かに考えていたが、それには気心知れた斉彬が藩主の座に就くことが不可欠だった。

よって、斉興を隠居に追い込もうと考えた阿部は、薩摩藩の密貿易に追及の手を伸ばす。幕府は薩摩藩が国禁の密貿易に手を染めていたことは先刻承知しており、江戸出府中の調所を呼び出す。調所は斉彬が藩主になることに難色を示す藩内の大物であった。

ところが、調所は急死する。嘉永元年（一八四八）十二月十九日のことである。密貿易の責任を一身に負って服毒自殺したと伝えられるが、斉興を守るための覚悟の死だった。

調所の死は斉興に大きな衝撃を与えるが、依然として藩主の座を斉彬に譲ろうとはしなかった。斉彬は不惑の年に達しようとしており、父の斉興は還暦間近となっていた。

その頃、斉彬を悲劇が襲う。嫡男や次男が次々と病死したが、日ならずして、ある噂が藩内に広がる。斉彬の嫡男や次男が相次いで夭折したのは、久光の擁立を企むお由羅の方たちが呪詛したからである。

斉彬擁立派の藩士たちは激高する。船奉行の高崎五郎右衛門や町奉行の近藤隆左衛門たちが首謀者となって斉彬の藩主就任を阻む家老たちの殺害を目論むが、事前に露見してしまう。

嘉永二年（一八四九）十二月三日、高崎たち六人は斉興から切腹を命じられる。処罰を受けた藩士の数は五十人余にも及んだ。今回の御家騒動は、首謀者の名前を取って「高崎くずれ」、あるいは「お由羅騒動」とも呼ばれる。

斉彬擁立派は大打撃を受けるが、この騒動は阿部を首班とする幕府が薩摩藩政に介入する口実となる。阿部は時の十二代将軍徳川家慶を動かし、茶器を斉興に下賜した。将軍からの茶器の下賜には、隠居を促す意図が込められていた。

将軍の命が下った以上、もはや斉興も隠居を拒むことはできなかった。同四年（一八五一）一月二十九日に隠居願を幕府に提出し、十一代目藩主島津斉彬が誕生する。

重豪、斉宣、斉興と三代続けて、薩摩藩主はみずからの意思で隠居できなかったが、斉興の隠居によって幕末の名君のシンボルである島津斉彬が世に出ることになった。重豪が路線を敷いた開化政策を推し進めることで富国強兵を目指した斉彬は、薩摩藩を幕末の政局をリードする雄藩へと成長させていくのである（芳即正『島津重豪』吉川弘文館）。

島津重豪略年表

年号（西暦）	年齢	事項
延享2年（1745）	1歳	11/7、加治木領主島津重年の長男として鹿児島城下で生まれる。
寛延2年（1749）	5歳	12/4、父が薩摩藩主となったため、加治木島津家を継ぐ。
宝暦5年（1755）	11歳	7/27、父の死を受けて8代目藩主となる。

12年（1762）	18歳	12／4、一橋徳川家から保姫を正室に迎える。
安永5年（1776）	32歳	7月、娘の茂姫と一橋家嫡男豊千代が婚約。
天明元年（1781）	37歳	閏5月、豊千代、江戸城西の丸御殿に入る。
6年（1786）	42歳	8／25、10代将軍家治病没。
		11月、家中に隠居の意思を表明。
7年（1787）	43歳	1／29、隠居を許され、子の斉宣が9代目藩主となる。
		4／15、豊千代こと家斉、11代将軍となる。
寛政元年（1789）	45歳	2／4、家斉と茂姫の婚儀が執り行われる。
8年（1796）	52歳	3／13、高輪下屋敷に移る。
文化5年（1808）	64歳	4／9、家老樺山主税と秩父太郎を罷免～秩父崩れ。
6年（1809）	65歳	6／17、斉宣隠居。子の斉興が10代目藩主となる。
		6／19、幕府から藩政後見を許可される。
文政3年（1820）	76歳	8／13、藩政後見をやめる。
11年（1828）	84歳	調所広郷、財政改革主任となる。
天保4年（1833）	89歳	1／15、高輪下屋敷で死去。

エピローグ　幕末の政局を動かした隠居大名

泰平の世が長く続いたことで、大名に限らず武士は武功で立身する機会を失う。よって、働き盛りの年齢でも隠居し、第二の人生を送ろうとするお殿様が増えていった。本書では、そんなお殿様の「定年後」の生活を覗いてきたが、泰平の世から激動の幕末の時代に入ると、状況は一変する。

ペリー来航に象徴される一連の外圧に屈し続けたことで、諸大名を服属させてきた幕府の武威は低下した。諸大名への抑えが利かなくなるのは時間の問題であり、戦国時代の再来のような群雄割拠の時代に突入する。

従来、幕府政治を担ったのは譜代大名と旗本・御家人から構成される幕臣団であり、外様大名や親藩大名は幕政に関与できなかった。かつて徳川家と同格の大名だった外様大名はもちろん、御三家に象徴される徳川一門の親藩大名にしても幕政への発言は封ぜられていた。

将軍として幕府を率いる徳川宗家にしてみると、一門の立場で幕政に意見される事態は避けたい気持ちがあったことは否めない。敬して遠ざけていたのが実態であった。

だが、外圧を背景として、挙国一致の観点から外様大名や親藩大名の力を借りようという動きが幕府内で起きる。第6章で取り上げた老中首座阿部正弘は、譜代大名でありながら、薩摩藩主島津斉彬たち外様大名、水戸前藩主徳川斉昭や福井藩主松平慶永（春嶽）たち親藩大名を頼みにしたため、従来、政治的発言が封じ込められてきた外様・親藩大名が幕政関与の意思をみせるようになる。

併せて、御三卿の一橋徳川家当主慶喜の将軍擁立も目指した。そのため、慶喜のもとに結集した外様・親藩大名は一橋派と後世呼ばれた。擁立した人物が幕府のトップとなれば、自分たちの政治的立場は確固たるものになるはずである。

一方、それまで幕政を独占していた譜代大名からすれば、外様・親藩大名を幕政に引き入れようとする阿部の政治姿勢は由々しきことであった。外様・親藩大名による幕政進出の動きに警戒心を強める譜代大名の衆望を担って、安政五年（一八五八）四月二十三日に譜代大名筆頭の彦根藩主井伊家が将軍代行職たる大老に就任する。大老井伊直弼の登場だ。

　直弼は一橋派の前に立ち塞がり、時の十三代将軍家定の従兄弟にあたる紀州藩主徳川慶福（後の十四代将軍家茂）が将軍継嗣に決定したことを公表する。同年六月二十五日のことである。

　七月五日には、これに不満を持つ一橋派の大名たちを処分した。福井藩主の松平春嶽、尾張藩主の徳川慶恕《よしくみ》（後の慶勝）は隠居・謹慎を余儀なくされ、既に隠居していた徳川斉昭は、永蟄居の厳罰を受ける。永蟄居とは永久に家に籠もることであり、斉昭はこの処分が解けないまま水戸城内で死去する。

　翌六年（一八五九）八月二十七日には、いわゆる安政の大獄の一環で慶喜も隠居・謹慎を命じられた。この年、慶喜は二十歳になったばかりだった。

　安政の大獄で幕府から隠居と謹慎を命じられた大名は他にもいる。宇和島藩主伊達宗城《むねなり》もその一人だ。土佐藩主山内豊信（容堂）は幕府から隠居を命じられる前に危険を察知して隠居するが、幕府の追及は緩まず、謹慎を命じられた。隠居の身となった慶喜、春嶽、慶勝、容堂、宗城たちの政治生命は断たれたかにみえた。

しかし、安政の大獄を断行した反動で、直弼が江戸城桜田門外で討たれると風向きが変わる。幕府により隠居に追い込まれた大名たちが、次々と謹慎を解かれて政治的に復権を遂げた。再び藩政の実権を握るとともに、念願の幕政（国政）進出も果たす。慶喜に至っては一橋家を再相続し、名実ともに現役復帰した。

幕末史をみていくと、そんな隠居のお殿様たちが京都という政局の舞台で幕府を向こうに回してイニシアチブを発揮し、幕末史の主役として活躍している。本書で解き明かしてきたように、幕末以前は著述活動や文化事業に余生を捧げるのが定番の生き方だったが、幕府の武威が低下して諸藩が群雄割拠する時代に入ると、藩政の主導権を握って富国強兵に力を入れるようになる。

もちろん、現役の藩主も富国強兵を目指していたが、幕末になると、現役の藩主に勝るとも劣らない隠居のお殿様たちの活躍ぶりが際立つ。隠居という自由な立場を活かして藩政のみならず国政の最前線にも乗り出し、アクティブな政治活動を展開したことで時代の主役に躍り出たのだ。

激動の幕末ならではの、お殿様たちの「定年」後の生き方であった。

本書執筆にあたっては、株式会社日経ＢＰ日本経済新聞出版本部の網野一憲氏のお世話になりました。末尾ながら、深く感謝いたします。

二〇二一年二月

安藤優一郎

参考文献

野口武彦『徳川光圀』朝日新聞社、一九七六年。

芳即正『島津重豪』吉川弘文館、一九八〇年。

氏家幹人『殿様と鼠小僧』中公新書、一九九一年。

福島県立博物館 平成四年度第三回企画展図録『定信と文晁―松平定信と周辺の画人たち』福島県立博物館、一九九二年。

芳即正『島津斉彬』吉川弘文館、一九九三年。

竹内誠『江戸の盛り場・考　浅草・両国の聖と俗』教育出版、二〇〇〇年。

氏家幹人『江戸人の老い』ＰＨＰ新書、二〇〇一年。

鈴木暎一『徳川光圀』吉川弘文館、二〇〇六年。

磯崎康彦『松平定信の生涯と芸術』ゆまに書房、二〇一〇年。

高澤憲治『松平定信』吉川弘文館、二〇一二年。

小野佐和子『六義園の庭暮らし　柳沢信鴻「宴遊日記」の世界』平凡社、二〇一七年。

安藤優一郎『島津久光の明治維新　西郷隆盛の〝敵〟であり続けた男の真実』イースト・プレス、二〇一七年。

安藤優一郎『大名屋敷「謎」の生活』ＰＨＰ文庫、二〇一九年。

安藤優一郎『お殿様の人事異動』日経プレミア、二〇二〇年。

安藤優一郎《あんどう・ゆういちろう》
歴史家。文学博士（早稲田大学）。1965年千葉県生まれ。早稲田大学教育学部卒業、同大学院文学研究科博士後期課程満期退学。「JR東日本・大人の休日倶楽部」など生涯学習講座の講師を務める。『お殿様の人事異動』『相続の日本史』『河井継之助』『明治維新　隠された真実』『大名格差』ほか著書多数。

日経プレミアシリーズ｜455

お殿《との》様《さま》の定《てい》年《ねん》後《ご》

二〇二一年三月八日　一刷

著者　安藤優一郎
発行者　白石　賢
発　行　日経ＢＰ
　　　　日本経済新聞出版本部
発　売　日経ＢＰマーケティング
　　　　〒一〇五―八三〇八
　　　　東京都港区虎ノ門四―三―一二

装幀　ベターデイズ
組版　マーリンクレイン
印刷・製本　凸版印刷株式会社

ISBN 978-4-532-26455-0　Printed in Japan

日経プレミアシリーズ 420

お殿様の人事異動

安藤優一郎

お国替えという名の大名の異動が繰り返された江戸時代。御家騒動や世継断絶から、職務怠慢、色恋沙汰や酒席の狼藉まで、その理由は多岐にわたる。大名や家臣たちはその都度、多大な苦労を強いられ、費用負担などもただならぬものがあった。将軍が大名に行使した国替えという人事権、幕府要職者にまつわる人事異動の泣き笑いを通して読み解く歴史ノンフィクション。

日経プレミアシリーズ 342

相続の日本史

安藤優一郎

古今東西を問わず、相続を巡る争いが歴史を動かしてきた。天皇家、摂関家、将軍家、大名家における相続争いは、その象徴だ。古代から江戸時代まで、知られざる事件にも触れながら、権力の基盤と相続争いをキーワードに読み解くこの国の歴史。

日経プレミアシリーズ 445

伊勢物語 在原業平 恋と誠

髙樹のぶ子

平安の歌人・在原業平の一代記を日本で初めて小説化した作家が、政から遠ざかり「みやび」に生きた高貴な血筋の男の人間力を、数々の女性との恋や、男たちとの垣根を越えた交誼から解き明かしていく。思うにまかせぬことをも愉しみながら生き抜いた業平の生涯は、時代の転換期を生きる私たちに多くの気づきを与えてくれる。